FAIRE FRANCE

L'expression *faire France* est belle et rare ; on la rencontre localement à la limite du Rhône et du Massif Central, dans deux régions voisines : le Nord Vivarais, où elle paraît être le calque d'une vieille locution occitane, « *faire França* : prospérer », et les Monts du Lyonnais, où on l'emploie encore de façon courante, semble-t-il, mais surtout sous la forme négative, pour exprimer l'idée qu'une chose ne durera pas. A Chazelle-sur-Lyon, par exemple, on dira d'un vêtement de qualité médiocre : « Y f'ra pas France jusqu'à Pâques. »

Je me réfère ici à une communication du linguiste occitan Jacques Chircop-Baumel pour la région de Saint-Laurent de Chamousset : « Une amie m'a raconté qu'étant petite, elle était plutôt malingre ; sa mère la promenait dans sa poussette lorsqu'elle a croisé une femme du village connue pour sa méchanceté, qui lui a dit carrément : "Cette petite ne fera pas France." Ça voulait dire : elle ne vivra pas longtemps. L'expression ne s'emploie, selon cette amie, qu'en parlant des petits enfants ou des petits animaux. L'explication qui est généralement donnée dans les Monts du Lyonnais est : "Il, ou elle, ne contribuera pas à peupler la France." » (*Lettre* de J. Chircop-Baumel).

Claude Duneton.

Michèle Tribalat

Faire France

Une grande enquête sur les immigrés et leurs enfants

Préface de Marceau Long

ÉDITIONS LA DÉCOUVERTE
9 *bis*, rue Abel-Hovelacque
PARIS XIIIe
1995

DU MÊME AUTEUR

Cent ans d'immigration. Étrangers d'hier, Français d'aujourd'hui. Apport démographique, dynamique familiale et économique de l'immigration étrangère, INED/PUF, 1991 (dir.).

Si vous désirez être tenu régulièrement informé de nos parutions, il vous suffit d'envoyer vos nom et adresse aux Éditions La Découverte, 9 *bis*, rue Abel-Hovelacque, 75013 Paris. Vous recevrez gratuitement notre bulletin trimestriel **A la Découverte.**

Préface

par Marceau Long
Président du Haut Conseil à l'intégration

L'arrivée et l'installation durable de populations venues de pays étrangers ont été une constante de la démographie française depuis le XIXᵉ siècle. Ce phénomène, plus ou moins intense selon les périodes, toujours présent depuis la fin de la Seconde Guerre mondiale, et le brassage de populations qui en est résulté fondent la société française. Ainsi a-t-on pu estimer en 1990 que dix millions de Français avaient une origine étrangère proche, eux-mêmes, un de leurs parents ou un de leurs grands-parents ayant immigré.

C'est avec ces immigrés que s'est construite, et se construit encore, notre société dans un processus d'intégration, dont le temps est l'un des grands acteurs.

En cette fin de siècle, la société française, troublée par les bouleversements géopolitiques, la construction européenne, ses difficultés sociales et sa propre évolution culturelle qui affectent ses repères traditionnels, s'interroge. L'intégration, admise et réalisée, de populations issues d'immigrations plus ou moins anciennes est souvent mise en parallèle avec les difficultés que rencontre celle d'immigrations plus récentes et d'origine non européenne. Malgré les travaux des historiens qui ont montré que l'« intégration à la française » n'avait pas été sans heurts, parfois violents dans le passé, des positions tranchées s'affirment : il est des civilisations et des cultures qui refusent l'intégration, et la société française ne peut d'ailleurs les intégrer ; on met en doute notre « modèle d'intégration » et on s'interroge sur son avenir.

Le grand mérite de Michèle Tribalat est d'avoir travaillé avec opiniâtreté à la compréhension et à l'observation des mécanismes complexes en jeu. Elle a d'abord établi les définitions nécessaires permettant de connaître précisément l'apport étranger à la démographie française, ce qui n'avait jamais été fait jusqu'à présent. Michèle Tribalat a ensuite su convaincre de la nécessité de construire un outil d'observation de l'intégration à partir d'une enquête historique, les statistiques traditionnelles ne permettant pas de prendre en compte le temps, bien qu'il soit un élément essentiel.

C'est l'originalité de ce travail. Il a fallu convaincre tous les partenaires de l'intérêt de la démarche qui pouvait sembler mettre en cause notre tradition statistique et qui nécessitait une lourde mobilisation de moyens techniques et financiers. Le Haut Conseil à l'intégration, que je préside, chargé par le Premier ministre de la coordination des statistiques en matière d'immigration et d'intégration, a joué son rôle, ne ménageant pas ses efforts pour persuader tant les administrations que la Commission nationale de l'informatique et des libertés de l'apport d'une telle enquête pour la connaissance. Les conditions nécessaires pour préserver l'anonymat des personnes « enquêtées » ont été définies avec la Commission nationale.

Aussi m'est-il particulièrement agréable de préfacer cet ouvrage qui présente au grand public les résultats tout à fait nouveaux de ce travail considérable. Il est celui d'un chercheur, libre de ses conclusions et de ses propos. Les choix de terminologie, les positions prises sur telle ou telle décision politique n'emporteront pas nécessairement l'adhésion de tous ; mais la rigueur de l'observation, l'ampleur des champs étudiés, les comparaisons rendues possibles fournissent des éléments objectifs de compréhension que nous ne pourrons plus ignorer.

Ainsi, les histoires personnelles, les modes de vie, les liens avec la France, avec le pays d'origine ou celui des parents, les parcours scolaires ou professionnels, les unions matrimoniales, les pratiques religieuses, les attitudes face au service national sont présentés pour les différentes générations selon les origines et le temps passé en France. Il en ressort toute la complexité du processus qui nous interdit de parler des « immigrés » comme d'un tout homogène ou de globaliser les comportements, y compris au sein d'une même origine. Les résultats vont souvent à l'encontre des schémas établis. Les liens avec l'origine sont au cœur de la construction de la personnalité ; ils ne peuvent être effacés ni négligés. L'intégration n'implique pas un tel oubli et la France ne l'a jamais demandé. L'intégration est un processus du « temps long ». Ces recherches en apportent encore une preuve supplémentaire, elles renforcent notre attachement à l'exemple français quelquefois mis en doute et notre conviction en sa valeur de modèle.

Introduction

L'immigration et la présence en France de populations immigrées font l'objet de débats passionnés depuis à peu près deux décennies. La mise en place, comme partout en Europe, d'une politique migratoire extrêmement restrictive, au milieu des années soixante-dix, a fortement contribué à orienter ces débats. De nombreuses discussions ont alors porté sur son efficacité, ou son inefficacité à tarir le flux migratoire, sans qu'on s'interroge beaucoup sur les mutations d'ordre qualitatif de ce flux : la persistance d'une immigration étrangère a été vécue comme une impuissance de l'État à contrôler la situation. L'extension des sources d'émigration aux zones les plus reculées de la planète a ajouté, au sentiment d'impuissance, celui d'inexorabilité. Tout cela a contribué à forger une image misérabiliste de l'immigration donnant l'impression d'une France accueillant « toute la misère du monde ». Or, non seulement la nouvelle politique migratoire a réduit fortement le nombre des entrées, mais elle a induit des changements qualitatifs qui contredisent une telle représentation.

Le contexte de crise économique et sociale dans lequel ce basculement s'est accompli a contribué à l'aveuglement général. Les difficultés actuelles que connaissent les immigrés et les personnes d'origine étrangère ne sont pas à rattacher aux flux des dernières années, mais à la détérioration générale de la situation qui les touche, comme d'autres, et quelquefois encore plus brutalement. Cette situation difficile, dans laquelle se trouve plongé l'ensemble du pays, le fragilise et l'amène à douter de ses propres capacités d'assimilation. Ce qui semblait se faire sans bruit, comme naturellement, est brusquement remis en cause. Cette interrogation permanente laisse entendre que l'assimilation pourrait échouer et le creuset français tomber en panne. Les immigrés eux-mêmes se retrouvent accusés d'une certaine mauvaise volonté et le doute s'installe sur leur désir (ou aptitude) d'assimilation. Ce doute fondamental a conduit à la mise en place d'une politique d'intégration volontariste, dont on peut se demander si elle est propre à conjurer le malaise. C'est ce qu'explique A. Sayad dans un récent article[1] : « Il en va de l'intégration comme de nombre d'objets sociaux et surtout d'états mentaux, où l'on se met à vouloir ce qui ne peut être voulu, selon la belle formule de J. Elster. C'est comme de vouloir oublier [...]. Il suffit de vouloir oublier pour ne pas oublier [...]. L'intégration derrière laquelle on court a pour caractéristique [...] de ne pouvoir se réaliser que comme effet secondaire d'actions entreprises à d'autres fins. »

Dans un contexte aussi difficile, quelle peut être la place d'un travail scientifique d'ordre quantitatif ?

Si la légitimité ou l'opportunité de certaines questions se discute, une fois posées, le seul parti consiste à leur apporter des réponses les plus rigoureuses possibles pour réintroduire un peu de réalité dans le débat. Or, nous souffrons en France à la fois d'un manque de rigueur dans la

---

1. A. SAYAD, « Qu'est-ce que l'intégration ? », *in Hommes et Migrations. Pour une éthique de l'intégration*, n° 1182, 1994.

manière de traiter de l'immigration et des populations immigrées ou d'origine étrangère, et de l'absence de données
adéquates.

Une autre manière d'aborder les problèmes

Si, dans une phase de flux intenses, l'approche du phénomène migratoire fondée sur la nationalité reflète à peu
près la réalité, elle ne se justifie guère lorsque l'on s'éloigne
de l'amorce des courants migratoires : des enfants naissent
et grandissent en France qui sont de nationalité française
dès la naissance (cas des enfants d'Algériens en raison du
double droit du sol ou des enfants nés dans des couples
d'immigrés devenus français, ou dans des couples où l'un
des conjoints est lui-même français) ou le deviennent à leur
majorité ; avec le temps, des immigrés acquièrent la nationalité française. Dès lors, la catégorie « population étrangère » devient impuissante à cerner la réalité. La confusion
étrangers = immigrés = population d'origine étrangère, peu
trompeuse dans les premières années de développement
d'un flux migratoire, se révèle désastreuse par la suite.
L'amalgame entre des groupes qui se distinguent par leur
lieu de naissance (en France ou non), leur nationalité (française ou non), et qui en sont à des stades divers du processus d'assimilation, confère ainsi à l'ensemble intempo-
ralité et immobilisme. Les données qui permettraient de
lever les ambiguïtés faisant défaut, à cet amalgame s'ajoute
un certain nombre d'*a priori*.
   La quantification n'est pas une fin en soi. Elle constitue
cependant le moyen obligé pour donner à toute discussion
des bases solides. Mais, en l'occurrence, mettre des chiffres
sur un phénomène où les *a priori* sont si fréquents est un
exercice difficile. Les mots dont il faut se servir ont eu leur
vie propre et ont été repris par le sens commun, connoté
positivement ou négativement. La première étape d'un travail quantitatif sur le domaine est donc sémantique :

redéfinir le sens des mots pour leur redonner une valeur conceptuelle opérante pour l'analyse.

Étrangers/immigrés

Si pour le sens commun, les termes *immigré* et *étranger* semblent recouvrir une réalité voisine, ils prennent un sens variable d'un individu à l'autre (souvent associé à travailleur, Arabe ou Maghrébin, etc.). Ces deux notions sont en fait différentes. Les dissocier permet de redonner une valeur conceptuelle à chacune et de choisir celle qui sera la plus adéquate pour décrire le phénomène migratoire.

Les étrangers sont les personnes qui ne sont pas de nationalité française, alors que les immigrés regroupent l'ensemble des personnes qui ne sont pas nées en France.

Lorsqu'on étudie l'immigration étrangère en France, les immigrés qui nous intéressent sont ceux qui sont entrés en France comme étrangers. Dans l'ensemble de cet ouvrage, le terme d'immigrés se réfère à ces personnes. La population étrangère ne saurait représenter, même approximativement, les immigrés et leurs descendants en raison notamment des dispositions du code de la nationalité française.

Lorsque les résultats servent à évaluer l'assimilation des personnes immigrées résidant en France, ne pas tenir compte de celles qui sont devenues françaises aboutit nécessairement à écarter les populations qui sont en moyenne mieux assimilées. Un tel biais d'observation n'est pas admissible.

S'agissant des enfants *nés en France* de parents immigrés, presque tous français lorsqu'ils sont adultes, la notion d'étranger n'est d'aucun secours. Ces enfants d'immigrés seront dénommés dans cet ouvrage « personnes d'origine étrangère ».

Si l'on veut étudier le devenir des populations immigrées et d'origine étrangère, on doit donc impérativement cesser de se référer à la nationalité des individus.

Pour comprendre le désert français en matière de collecte

statistique, il nous faut ouvrir ici une parenthèse. En France, l'abandon de la distinction étrangers/Français est une étape difficile à franchir pour des raisons d'ordre purement idéologique : distinguer les Français en fonction de leur origine nationale ou ethnique serait infamant en raison de la discrimination (politiquement incorrecte ?) ainsi introduite. Si un tel interdit devait orienter la production statistique, cela toucherait la plupart des variables utilisées en sciences sociales (le sexe, par exemple). D'ailleurs, le statut discriminatoire des étrangers ne rend pas la distinction entre Français et étrangers plus idéologiquement recommandable. Cette crispation, typiquement française, nous semble refléter plus une incertitude collective, un manque de confiance sur nos propres capacités à faire un bon usage de l'information, qu'une position dûment fondée.

De même, l'incapacité de sortir de la dualité Français/étrangers rend irrecevable toute distinction se rapportant à l'ethnie. Or, s'agissant tant des courants maghrébins que des nouveaux courants migratoires, extrêmement composites, la prise en compte de l'appartenance ethnique est nécessaire. Sur cette question, nous vivons dans un état de schizophrénie totale : ne pas disposer de données sur les différentes ethnies ne nous empêche pas d'en avoir, collectivement, une représentation forte, quant à leur importance et leurs particularités d'adaptation à la vie française. Ainsi, l'image d'une migration algérienne dominée par les Kabyles gratifiés d'une image positive datant de la colonisation en constitue l'illustration frappante.

Assimilation/intégration

Avec l'opposition intégration/assimilation, le débat prend aussi une tournure très idéologique. Aujourd'hui, l'intégration est le terme consacré, celui d'assimilation renvoyant à l'image, peu progressiste, de la France colonisatrice. Or, de ce point de vue, le terme d'intégration n'est pas vierge non plus, puisque c'est bien d'intégration dont on parlait du temps de l'Algérie française. Un tel débat autour des termes, clairement idéologique, ne permet guère d'aller au-delà de principes théoriques assez généraux, ni de dégager des notions claires se prêtant à la mesure statistique. Nous ne nous étendrons pas sur cette question, d'autres l'ont fait avant nous[2].

Dans le cadre d'une démarche quantitative, nous préférons parler d'assimilation, en situant la problématique par rapport au modèle français qui est laïque et égalitaire dans son principe et se fonde sur l'autonomie de l'individu dans son rapport à l'État et à la société. Le développement de corps intermédiaires fondés sur l'ethnie ou l'origine ethnique lui est donc antagonique. Cette notion d'assimilation est finalement voisine de celle développée, sous une autre appellation, par le Haut Conseil à l'intégration.

Dans ce cadre, on peut définir l'assimilation comme une réduction des spécificités par les mélanges de populations et par la convergence des comportements.

Les mélanges de populations offrent l'occasion d'une véritable confrontation des modes de vie. On peut classer ces mélanges par le degré de proximité qu'ils impliquent : les mélanges sur les lieux de travail, sur les lieux d'habitat, les mélanges dans son propre univers et enfin les unions mixtes.

L'assimilation implique la résorption de spécificités migratoires et la réduction des spécificités des pratiques sociales, culturelles et religieuses. La persistance de pratiques linguistiques et culturelles proches de celles du pays d'origine et de réseaux de sociabilité ethniques, au fil du temps (de la génération des immigrés à celle de leurs enfants), met en cause le fonctionnement du creuset français. Dans le domaine de la religion, l'assimilation n'est pas la conversion à la religion dominante, mais une convergence dans le mode (religion réduite à la sphère privée) et

---

2. Cf. notamment A. SAYAD, *L'Immigration algérienne en France, une lente mais inexorable évolution vers une immigration de peuplement*, Conférence internationale sur les migrations, Rome, OCDE, 13-15 mars 1991. A. SAYAD, *op. cit.*

l'intensité des pratiques. C'est ce qui est sous-jacent quand on parle d'un islam à la française.

Dans le domaine de la famille et du rôle de la femme, l'assimilation suppose une déstructuration des pratiques matrimoniales et la disparition de celles qui sont contraires à l'ordre public et au droit des personnes (droit français ou conventions ratifiées par la France), la polygamie par exemple.

En ce qui concerne la scolarité, l'assimilation aboutirait à ce que, au fil des générations, les enfants d'immigrés ne se distinguent plus des autres enfants dans la réussite et le cursus scolaire. De ce point de vue, une sortie précoce des filles du système scolaire ou le suivi systématique de filières courtes font obstacle à l'assimilation. De même, la spécialisation sur base ethnique, au fil des générations, dans certains emplois traduit un mauvais fonctionnement du modèle assimilateur français.

Enfin, l'assimilation suppose aussi la construction d'un lien national avec la société d'accueil et une projection réduite au pays d'origine, sans repli identitaire.

Nécessité d'un outil de mesure spécifique : mise en place de l'enquête « mobilité géographique et insertion sociale »

Les analyses menées à partir des données existantes, qu'il s'agisse du recensement ou d'autres enquêtes de l'INSEE, aboutissent au constat de l'inadéquation des statistiques habituellement collectées pour analyser le phénomène migratoire et les conditions de vie des immigrés et de leurs descendants. Partant d'un tel constat, dès 1987, l'INED a élaboré un projet d'enquête adapté à une telle étude. Comme elle nécessitait l'accès à la base de sondage du recensement de 1990, la collecte a été planifiée et réalisée à l'automne 1992.

Cette enquête, première du genre en France, est rétrospective : elle a recueilli les histoires de vie des enquêtés et a ainsi permis d'introduire le temps dans la mesure. Elle comprend trois sous-populations : des immigrés, des jeunes nés en France d'origine étrangère et un échantillon représentatif de la France entière.

L'hypothèse d'une forte hétérogénéité des comportements suivant le pays de naissance conduit à distinguer autant d'échantillons que de pays. Les contraintes budgétaires ne permettant pas de garder l'ensemble des pays d'origine, un choix a été fait. Sept pays ou groupes de pays représentant près de 60 % de la population immigrée ont été retenus : l'Algérie, l'Espagne, le Maroc, le Portugal, la Turquie, l'Afrique noire et le Sud-Est asiatique (Cambodge, Laos et Viêt-nam). Les immigrés d'Algérie, du Maroc, du Portugal et de Turquie interrogés avaient 20-59 ans, ceux d'Espagne, 25-59 ans, et ceux d'Afrique noire et du Sud-Est asiatique, 20-39 ans. Sont ainsi absents de l'enquête, entre autres, les migrants italiens et tunisiens.

L'échantillon des personnes nées en France de parents immigrés a été plus difficile à constituer. Pour des raisons techniques liées à la base de sondage, nous n'avons pu retenir que des individus de moins de 30 ans d'origine algérienne, espagnole ou portugaise.

Au total, c'est près de 13 000 personnes qui ont été interrogées, quelquefois dans la langue d'origine lorsque la maîtrise du français était insuffisante[3]. Pour la petite histoire, il faut savoir que l'enquête a été très bien accueillie : les enquêteurs ont aimé la faire et ont reçu un accueil souvent chaleureux, l'entretien s'accompagnant bien souvent de thé ou de café et de gâteaux.

Une grande originalité de cette enquête est de permettre la construction de catégories ethniques à partir de la langue maternelle : nous parlons alors d'*appartenance ethnique*. Un autre aspect, très nouveau aussi, réside dans la référence

---

3. Les interprètes d'ISM à Paris, Lyon, Marseille et Lille et CASTRAMI à Strasbourg, formés pour la circonstance au métier d'enquêteur, ont réalisé les enquêtes dans les langues d'origine et toutes les enquêtes en foyer.

au pays de naissance des parents des enquêtés et de leur conjoint. Ainsi, en dehors de l'appartenance ethnique définie par la langue maternelle, qui nous permet par exemple de distinguer les Arabes et les Berbères, nous usons d'une autre notion, celle de *l'origine ethnique*. Elle permet de désigner, en se fondant sur le lieu de naissance des individus et de leurs parents, une population que la simple référence au pays de naissance ne suffit pas à repérer : les jeunes nés en France de parents portugais seront ainsi dits de même origine ethnique que les immigrés nés au Portugal. Il nous arrivera, pour alléger le texte, de parler des Français, pour désigner la population de la France, étrangers compris.

Si l'INED a eu l'initiative de ce projet d'enquête, il lui est apparu immédiatement que celui-ci ne pourrait aboutir que s'il obtenait la collaboration de l'INSEE. Celle-ci fut acquise dès 1987, la participation de l'INSEE comprenant le tirage de l'échantillon, la saisie et la constitution de fichiers, l'INED se chargeant de son côté de la conception et de la réalisation du questionnaire. Par ailleurs, ce projet a, d'emblée, reçu l'appui du Conseil scientifique de l'INED. Il a bénéficié des réflexions du comité scientifique d'enquête comprenant à la fois des chercheurs de l'INED, des statisticiens de l'INSEE et des chercheurs appartenant à d'autres organismes et a reçu très tôt l'approbation et le soutien du Haut Conseil à l'intégration et du secrétariat général à l'Intégration.

Cependant, l'aboutissement s'est révélé longtemps incertain. D'abord, ce projet a soulevé une certaine hostilité, car il contrevenait à l'idéologie dominante évoquée plus haut. Ensuite, l'opération est apparue extrêmement coûteuse, le budget dépassant les moyens propres de l'INED et ceux dont l'INSEE espérait disposer. Un financement extérieur, auquel ont participé l'Office des migrations internationales, le Fonds d'action sociale, le ministère des Affaires sociales (DPM, secrétariat général à l'Intégration) et le ministère de la Coopération, a été réuni par G. Moreau, directeur de la

DPM, au début de l'année 1992. Enfin, diverses réticences sont apparues, tenant au sujet même, réputé brûlant. Tout cela nous a conduit bien près de l'échec.

Les difficultés rencontrées peuvent paraître étonnantes pour une question d'une telle actualité, faisant l'objet d'une demande politique maintes fois répétée. Sans le soutien actif du Haut Conseil à l'intégration et notamment de son président, M. Long, d'A. Lepors, président du groupe statistique, et de C. Ducastelle, ce projet d'enquête n'aurait jamais abouti. Ils ont incarné la volonté politique qui a permis à ce projet de rester vivant.

La réalisation de l'enquête prouve, s'il en était besoin, que ce type de collecte ne met en péril ni la liberté des individus, ni les fondements de la République, la CNIL (Commission nationale informatique et libertés) ayant donné son agrément. Le découpage des échantillons en fonction du pays de naissance des individus et de celui de leurs parents, qu'ils soient français ou non, est apparu entièrement légitime, pourvu que l'anonymat du fichier soit garanti. Nous espérons avoir ainsi contribué à lever, un tant soit peu, le tabou français sur l'usage des origines en sciences sociales.

Cet ouvrage présente une vue d'ensemble des principaux enseignements tirés de la première vague d'exploitation qui a fait l'objet d'un rapport remis aux organismes ayant participé au financement. Nous avons eu la charge de coordonner ce rapport et en avons écrit l'essentiel. D'autres auteurs ont cependant participé et seront dûment cités lorsque nous nous référerons à leur travail.

Chapitre introductif

Les données de l'immigration en France depuis les années cinquante

Après la Seconde Guerre mondiale, la France connaît une vague migratoire importante qui accompagne la période de prospérité économique. C'est au cours des années soixante et jusqu'au milieu des années soixante-dix que les flux sont les plus intenses. Sur cette période, l'immigration étrangère se diversifie fortement. Les courants espagnol et italien, déjà présents dans la vague migratoire des années trente, connaissent un regain dans l'après-guerre. Cependant, la liberté de circulation accordée aux Algériens en 1946 se traduit par des flux de travailleurs importants, migration qui connaîtra son maximum au début des années soixante, juste après l'indépendance[1]. C'est alors que les courants portugais, marocain et tunisien démarrent et seront suivis de peu par celui en provenance de Turquie.

En 1973, l'Algérie décide de ne plus envoyer de travail-

---

1. Pour avoir des informations détaillées sur la politique migratoire de la France et notamment celle à l'égard de l'Algérie, voir G. TAPINOS, *L'Immigration étrangère en France. 1946-1973*, INED/PUF, Paris, 1975. Voir aussi P. WEIL, *La France et ses étrangers. 1938-1991*, Calmann-Lévy, Paris, 1992.

leurs suite à des incidents racistes contre des Algériens en France et, en 1974, comme la plupart des pays européens, la France adopte des mesures extrêmement restrictives visant à freiner l'immigration étrangère en suspendant le recrutement de main-d'œuvre. On assiste alors à une diminution générale des flux migratoires et, surtout, à une réduction drastique de la migration masculine adulte. Cependant, toute immigration étrangère n'a pas cessé pour autant : le flux annuel est estimé à environ 100 000 au début des années quatre-vingt-dix. Espagne et Italie mises à part, les courants qui sont nés dans l'après-guerre ont subsisté après 1974, la nouvelle politique migratoire restant impuissante à maîtriser les flux familiaux. S'y ajoutent alors, en provenance de régions plus lointaines d'Asie et d'Afrique, de nouveaux courants apportant surtout des personnes recherchant un asile en France ou venant y faire des études, et les flux familiaux qui s'y rapportent.

Afin de mieux comprendre les comportements des divers groupes d'immigrés vivant en France, il nous faut connaître les spécificités des principaux courants migratoires et la manière dont ils se sont adaptés à la nouvelle donne de la politique migratoire de la France.

Origine des migrants

L'appartenance ethnique déterminée à partir de la langue maternelle permet d'actualiser l'information sur le poids des Kabyles dans la migration algérienne qui date de l'après-guerre. Elle apporte également des éléments tout à fait inédits sur la place des berbérophones dans la migration marocaine, et la composition ethnique des populations originaires du Sud-Est asiatique ou d'Afrique noire.

Appartenance ethnique des immigrés :
moins de Berbères qu'attendu

D'après le recensement en Algérie du 31 octobre 1948, au cours duquel des questions étaient posées sur les personnes résidant en métropole, d'une part[2], et l'enquête de Jean-Jacques Rager effectuée en 1950[3], d'autre part, la proportion de Berbères parmi les immigrés d'Algérie résidant après la guerre en métropole était voisine de 60 %. Si l'immigration a débuté en Kabylie, en raison notamment de la politique coloniale de la France, celle-ci s'est rapidement généralisée à toutes les régions de l'Algérie[4] et a vite été dominée par la migration d'Arabes : aujourd'hui, les Berbères ne représentent que 28 % des immigrés originaires d'Algérie.

La proportion de Berbères parmi les migrants marocains est un peu inférieure (22 %) et en tout cas bien plus faible que les estimations transposées directement de la situation qui prévaut au Maroc : 40 % à 50 % d'après Salem Chaker[5].

Autre idée reçue, celle d'une importante colonie kurde en France. D'après notre enquête, elle ne regrouperait en fait que 7 % seulement des immigrés de Turquie, contre 87 % pour les Turcs. Relativement à la Turquie, il n'y a donc aucune surreprésentation des Kurdes parmi les immigrés résidant en France. Les 6 % qui restent comprennent notamment quelques Arméniens. Ces derniers appartiennent à un courant d'immigration très ancien et très peu d'entre eux ont aujourd'hui moins de soixante ans.

La minorité chinoise représente 21 % des immigrés du

2. *Population musulmane*, volume III, Service de statistique générale, Alger, 1948.

3. J.-J. RAGER, *Les Musulmans en France et dans les pays islamiques*, 1950.

4. A. SAYAD, « Aux origines de l'émigration kabyle et montagnarde », *in Hommes et Migrations. Les Kabyles, de l'Algérie à la France*, n° 1179, 1994.

5. S. CHAKER, *Berbères d'aujourd'hui, Histoire et perspectives méditerranéennes*, L'Harmattan, Paris, 1989 ; « Quel avenir pour la langue berbère ? », *Hommes et Migrations. Les Kabyles de l'Algérie à la France*, n° 1179, 1994.

Sud-Est asiatique, ce qui grossit beaucoup son importance réelle dans les pays d'origine. C'est parmi les migrants cambodgiens qu'ils sont les plus nombreux (39 %), mais ils ne représentent que 12 % de ceux du Laos et 10 % de ceux du Viêt-nam. Les Hmongs — minorité animiste — du Laos forment 9 % de la population originaire de ce pays, soit une proportion bien supérieure à leur présence dans la population laotienne avant l'instauration du régime communiste : ils ont fui en masse, car ils avaient une très mauvaise réputation auprès du nouveau régime et notamment celle de constituer un vivier de recrutement pour la CIA[6].

La multiplicité des langues parlées en Afrique noire et le multilinguisme des personnes sont tels qu'une classification en grands groupes ethniques est un travail très difficile. De plus, les Africains noirs ont généralement une langue officielle qui n'est pas leur langue maternelle, mais la langue des anciens colons. Même s'il n'y a pas de correspondance absolue entre l'ethnie et la confession religieuse, et que tous les peuples africains sont restés plus ou moins animistes, les regroupements ethniques élaborés[7] mettent en évidence une prédominance des ethnies de confession musulmane chez les immigrés (ce qui est le cas également pour le continent noir) : 40 % des immigrés d'Afrique noire sont originaires de pays à forte prédominance musulmane : peuples mandé (soninké et mandingue), wolof, peuhl et autres, comprenant surtout des migrants d'Afrique de l'Ouest (Mali, Sénégal, Côte-d'Ivoire, Niger, Mauritanie, Guinée, etc.). Seules les populations de langue kwa (regroupant les Agnis, Baoulés et Ashantes) forment un groupe ethnique exclusivement chrétien et/ou animiste. Originaires du Togo, du Ghana, de Côte-d'Ivoire, du Bénin et du Nigeria, ils représentent moins de 14 % des immigrés d'Afrique

---

6. G. CONDOMINAS et R. POTTIER, *Les Réfugiés originaires de l'Asie du Sud-Est*, La Documentation française, Paris, 1983.
7. Par V. K. Kuagbénou, auteur du chapitre du rapport « Les immigrés d'Afrique noire : pour une approche ethnique ». Nous lui devons les analyses fondées sur les ethnies africaines dans cet ouvrage.

noire en France. Les Bantus, groupe le plus important en France (25 %), comprennent à la fois des chrétiens, des animistes et des musulmans. Ils viennent généralement de l'Afrique centrale : Congo, Zaïre, Cameroun et Gabon principalement. Un groupe ethnique important (21 %) regroupe les populations à langue unique venant des Comores, du Cap-Vert, de Madagascar et de l'île Maurice.

Ajoutons que si la polygamie est un trait culturel partagé par la plupart des Africains, l'islam a contribué à le renforcer et à l'étendre. A l'opposé, si le christianisme le réprouve, il ne semble guère avoir changé les mœurs en profondeur. Cette contradiction a contribué au développement d'un syncrétisme religieux accommodant le christianisme avec l'animisme traditionnel. La réalité de l'Afrique noire est donc marquée par un phénomène d'hybridation ethnique, linguistique et socioculturelle.

D'une immigration de paysans à une immigration de citadins

L'idée assez répandue d'une immigration de paysans mal dégrossis amenant en France un échantillon de la misère du monde mérite d'être nuancée.

Les flux antérieurs à 1975 ont certes apporté une majorité de ruraux : plus de 70 % des migrants turcs et portugais venus sur cette période, un peu moins pour ceux venus d'Espagne, d'Algérie et du Maroc. Parmi eux, certains groupes ethniques sont encore plus marqués par une origine paysanne : les Kurdes relativement aux Turcs et les Berbères par rapport aux Arabes.

Mais la politique restrictive mise en place au milieu des années soixante-dix aura pour conséquence d'entraîner une forte sélection des candidats à la migration. Les flux d'Algérie et du Maroc vont devenir, surtout avec les années quatre-vingt, le fait de citadins qui représentent désormais environ deux tiers des entrées. Les nouveaux courants qui se développent dans les années soixante-dix sont très marqués par ce phénomène de sélection et les migrants d'origine urbaine prédominent : près des deux tiers des immigrés d'Afrique noire et plus de 70 % de ceux du Sud-Est asiatique le sont. Ces courants neufs comprennent cependant une grande diversité suivant l'appartenance ethnique. Les ruraux sont extrêmement rares parmi les Chinois, beaucoup moins parmi les Khmers. Les ruraux d'Afrique noire appartiennent surtout aux ethnies Mandé et Peuhl qui ne regroupent que moins d'un tiers des immigrés d'Afrique noire résidant en France.

Les migrants turcs et portugais échappent à ce nouveau modèle, probablement grâce à la perpétuation de réseaux migratoires fondés sur la structure villageoise. Les ruraux ont favorisé l'arrivée de migrants ruraux des mêmes villages.

Niveau scolaire des migrants : une grande variété de situations et d'évolutions

Origine géographique et degré de scolarisation sont très souvent liés, surtout pour les pays où la généralisation de l'école a été tardive. Le bagage scolaire des migrants est un élément important permettant de mieux comprendre les problèmes d'adaptation éventuels à la vie française.

Les adultes originaires d'un pays européen ont généralement été scolarisés, même si le niveau scolaire atteint reste faible. Ce n'est pas le cas des migrants nés en Algérie ou au Maroc : respectivement 41 % et 31 % des hommes entrés comme adultes ne sont jamais allés à l'école (tableau I). Cette déficience se trouve aggravée chez les femmes dont la proportion de non-scolarisées atteint environ 45 %. Cette inégale scolarisation des hommes et des femmes se retrouve chez les migrants turcs venus adultes : 31 % des femmes ne sont pas allées à l'école contre 8 % des hommes. Parmi les migrants d'Afrique noire, 20 % environ n'ont pas été scolarisés. On observe cependant une grande diversité en fonction de l'ethnie : deux tiers des

Mandés et des Peuhls ne sont jamais allés à l'école, contre 24 % des Wolofs, les autres ethnies étant presque entièrement scolarisées. On peut ainsi distinguer une migration africaine de travailleurs, éventuellement rejoints par leur famille, peu scolarisés et issus du monde rural, et une migration africaine urbaine amenant des individus d'un niveau scolaire en moyenne assez élevé.

TABLEAU I. — PROPORTION D'IMMIGRÉS
NON SCOLARISÉS PAR SEXE*
Champ : personnes arrivées après l'âge de 15 ans

	Femmes	*Hommes*
Maroc	47	31
Algérie	44	41
Turquie	31	8
Afrique noire	23	20
Espagne	12	15
Portugal	7	8
Sud-Est asiatique	4	2

Comparés à la situation française, ces degrés de scolarisation paraissent extrêmement bas. Cependant, ils reflètent un processus de sélection, par la migration, de personnes un peu plus souvent scolarisées que ce n'est le cas dans les pays d'origine.

Sans négliger les progrès accomplis dans l'alphabétisation de ces pays, le processus sélectif s'est accentué avec les restrictions mises à l'entrée en France : ainsi, la migration en provenance d'Algérie ou du Maroc n'a pratiquement plus laissé entrer, après 1974, d'hommes n'ayant jamais fréquenté l'école. Non seulement tous, ou presque, sont allés à l'école, mais ils bénéficient d'un bagage scolaire plutôt élevé : un tiers des migrants algériens et la moitié des

---

* Pour ce tableau comme pour tous les tableaux de cet ouvrage, la source en est : INED, *Enquête MGIS*, réalisée avec le concours de l'INSEE, 1992.

migrants marocains étaient encore scolarisés à vingt ans. Pour les femmes, le handicap demeure, mais à un niveau moindre.

Selon que la France a été mêlée ou non à l'histoire des pays d'origine des migrants, ces derniers arrivent en connaissant déjà au moins un peu le français ou non. Une plus forte scolarisation des migrants à partir de 1975 s'accompagne, pour les pays anciennement colonisés, d'une meilleure connaissance du français au moment où ils quittent leur pays en raison, pour l'Algérie et le Maroc, d'un maintien du français dans tous les degrés de l'enseignement.

Origines sociales : élévation du niveau social avec la nouvelle donne migratoire

De par leur origine rurale, les immigrés sont le plus souvent enfants de paysan, beaucoup plus en tout cas que la moyenne nationale en France : plus de la moitié des personnes nées en Turquie, en Espagne ou au Portugal, contre moins de 20 % en moyenne en France. Seuls les migrants du Sud-Est asiatique sont, au contraire, généralement de père artisan ou commerçant, et en moyenne d'un niveau social élevé : pour un quart d'entre eux, le père exerce ou exerçait une profession intermédiaire ou supérieure. La répartition par origine sociale des migrants d'Afrique noire reflète une polarisation : enfants de paysans, d'un côté, et professions intermédiaires et supérieures, de l'autre.

La prise en compte de l'appartenance ethnique fait apparaître une plus forte proportion d'enfants de paysans parmi les Berbères relativement aux Arabes et chez les Kurdes relativement aux Turcs. L'hétérogénéité sociale est élevée dans le courant du Sud-Est asiatique : les Chinois avaient, pour deux tiers d'entre eux, un père artisan ou commerçant, les Khmers étant à peu près aussi souvent enfants de paysan que d'artisan et les Laotiens et Vietnamiens appartenant plus souvent aux classes artisanales et aux catégories sociales élevées. Ces deux derniers groupes comptent une proportion importante d'enfants de policiers ou de militaires (17 % pour les Laotiens et 13 % pour les Vietnamiens) qui se sont enfuis afin d'échapper à la rééducation des cadres ou à leur enrôlement dans la nouvelle armée.

Pour le courant d'Afrique noire, les Mandés et les Peuhls se détachent nettement par leur ascendance paysanne : respectivement 62 % et 43 % sont enfants d'agriculteur ou d'ouvrier agricole. Pour toutes les ethnies, l'origine artisanale occupe une place relativement importante. Les immigrés wolofs ou à langue unique (Cap-Verdiens, Comoriens, Malgaches et Mauriciens) sont assez souvent d'extraction populaire : pour une moitié d'entre eux, le père était soit ouvrier, soit paysan. C'est parmi les immigrés de langue kwa et, dans une moindre mesure, les Bantus que se recrutent le plus d'enfants de cadre supérieur (respectivement 24 % et 14 %).

Les courants qui ont traversé la période de renversement de la politique migratoire du milieu des années soixante-dix ont, pour la plupart, subi de profondes transformations dans l'origine sociale des migrants. Ainsi la proportion de migrants algériens d'origine paysanne est passée de 60 % pour les flux antérieurs à 1965 à 47 % entre 1965 et 1975, pour ne plus être que de 27 % parmi les entrées plus récentes : cette chute, de grande ampleur, reflète bien le ressourcement de l'immigration dans les villes constaté précédemment. Ce mouvement s'est opéré au profit notamment des employés, mais surtout des classes moyennes ou supérieures. Les migrants du Sud-Est asiatique venus essentiellement pour chercher refuge en France forment un courant un peu à part, très hétérogène, et qui a vu se succéder plusieurs vagues migratoires. Après la fin de la guerre d'Indochine, les migrants du Viêt-nam appartenaient plus fréquemment à des classes aisées que cela n'a été le cas à l'instauration des régimes communistes : 35 % des migrants du Sud-Est asiatique entrés en France avant 1975 avaient un père exerçant une profession intermédiaire ou supérieure contre 24 % dans les années qui suivirent. Les fils de paysans étaient très peu nombreux sur la première période (4 % contre 16 % ensuite).

Enfin, si la fracture du milieu des années soixante-dix produit des effets voisins sur la plupart des courants migratoires, on observe une exception notable, celle des migrants portugais, dont la structure sociale reste d'une étonnante stabilité.

Conséquences de la mise en place en 1974 d'une législation restrictive sur les motifs de migration et les profils migratoires

Si la suspension du recrutement de travailleurs étrangers en 1974 a accentué la sélection dans les pays de départ en élevant le niveau scolaire et social des migrants, elle a également provoqué des stratégies d'adaptation. L'accès au marché de l'emploi français a gardé, dans un contexte de crise internationale, un caractère fortement attractif et a emprunté des voies détournées.

Nouveaux motifs de migration sur la période récente

L'entrée d'adultes au titre de travailleurs étant désormais rarissime, les flux qui ont subsisté se sont portés sur les autres canaux encore ouverts : asile, études, lien familial. La rupture de 1973 se traduit par une chute importante des *migrations d'hommes algériens* à titre purement économique, tendance qui se poursuit jusqu'à une période récente. Les entrées à titre d'étudiants, dans un contexte de flux réduits, occupent une place équivalente à celles des travailleurs. De plus en plus souvent, les hommes algériens qui viennent en France associent un motif économique à une raison familiale. L'*immigration marocaine* subit le même genre d'évolution au fil des années, avec une réduction encore plus spectaculaire des motifs professionnels au profit des raisons de nature familiale ou scolaire.

Pour les *migrants originaires du Portugal*, les liens culturels avec la France ne sont pas tels qu'un flux d'étudiants important puisse apparaître. Les raisons des migrations invoquées restent donc le travail et la famille, mais sont souvent associées. Contrairement aux migrations spontanées des années antérieures à 1974, celles qui ont suivi ont été prises dans une procédure juridique de régularisation au titre du travail qui a visiblement laissé des traces (régularisation exceptionnelle de 1981-1982). Cette procédure a touché principalement les flux masculins, les flux féminins ayant été plutôt canalisés vers la procédure habituelle de régularisation au titre du regroupement familial. Les entrées de femmes du Portugal sont plus souvent motivées par la recherche d'une activité que cela n'est en général le cas des autres migrations féminines : si 15 % seulement des femmes invoquent un motif purement économique, un peu plus de 40 % viennent à la fois pour travailler et rejoindre un membre de la famille.

Le *courant turc*, encore plus récent, subit de plein fouet la suspension du recrutement de travailleurs. La proportion d'hommes déclarant être venus seulement pour travailler est passée de 92 % dans les années 1970-1974 à 11 % à la fin des années quatre-vingt. Après 1974, des motifs mixtes se sont fortement développés en liaison avec les mesures politiques restrictives prises en France. Les migrants turcs empruntent les procédures encore ouvertes : l'asile politique ou le regroupement des familles. Un peu plus des deux tiers des liens familiaux invoqués par les hommes venus après 1974 concernent soit un conjoint, soit les parents. Les flux féminins restent encore massivement motivés par les liens familiaux avec des résidents en France.

Par ailleurs, la prise en compte du moment du recrutement, antérieur ou postérieur à l'arrivée en France, montre une généralisation des entrées spontanées. Cela a toujours été le cas des migrants algériens et portugais qui sont plutôt venus travailler en France sans contrat de travail ni promesse d'embauche. C'est vrai des Algériens venus avant les années soixante et circulant librement, comme des Algériens venus ensuite dans le cadre de l'ONAMO (Office national algérien de la main-d'œuvre) et qui avaient un an pour trouver du travail sur place, mais aussi des Algériens venus dans les années quatre-vingt en période de suspension du recrutement. Au total, les trois quarts des hommes algériens venus travailler en France n'avaient ni contrat ni promesse d'embauche avant de partir. De même, le caractère concentré et spontané de l'immigration portugaise a conduit les deux tiers d'entre eux à trouver du travail seulement une fois sur place.

Au contraire, les hommes turcs et marocains venus travailler en France ont fait l'objet d'un recrutement. Dans la première moitié des années soixante-dix qui concentre l'essentiel du flux de main-d'œuvre dans les deux cas, près des trois quarts des migrants turcs et 90 % des migrants marocains venus travailler en France avaient une promesse d'embauche ou un contrat, ce dernier cas étant de loin le plus fréquent. Après 1974, les migrations de travail qui subsistent ont un caractère beaucoup plus souvent spontané.

Le changement de politique migratoire instauré en 1974 n'a pas entraîné de gros bouleversements dans les liens familiaux ayant motivé la migration des femmes âgées de plus de 15 ans en raison du caractère fortement induit des migrations féminines : plus de 80 % ont accompagné ou rejoint un conjoint.

Les flux qui se sont développés après la suspension du recrutement de travailleurs, notamment ceux en provenance d'*Afrique noire*, sont marqués par ce contexte difficile. Le travail n'est plus le motif dominant parmi les hommes mais, lorsqu'il est invoqué, il correspond à une migration spontanée, presque toujours sans demande préalable, ni contrat ou promesse d'embauche. Ainsi, depuis 1974, les études forment le motif dominant justifiant l'entrée en France. La demande d'asile occupe également une place importante : près de 30 % des hommes arrivés après 1985, soit une proportion légèrement moindre que celle relevée parmi les

Turcs sur la même période (38 %). Pour les femmes d'Afrique noire, le regroupement familial domine, sans écraser toute autre raison. En dehors de ce motif, on retrouve, comme pour les hommes, surtout les études.

Les migrants turcs ou d'Afrique noire venus en France pour rechercher asile invoquent des motifs correspondant massivement à ce que l'on attend d'une « demande d'asile sérieuse ». Rares sont les références à des motifs économiques, de famine ou de catastrophe naturelle et le motif religieux est lui-même peu invoqué : 68 % des hommes turcs ou africains noirs invoquent l'idéologie, le manque de liberté politique. Pour les femmes, cette même proportion est de 57 %.

Le *courant migratoire asiatique* est extrêmement particulier, rassemblant surtout des demandes d'asile ou de regroupement familial. Si certains déclarent être venus travailler, c'est presque toujours conjointement à d'autres motifs. L'accueil réservé à ces demandeurs d'asile a été très favorable, une bonne partie d'entre eux étant venus dans le cadre des quotas définis avec le Haut Commissariat aux réfugiés. Un peu plus de 80 % déclarent (ou se souviennent) avoir déposé une demande auprès de l'OFPRA (Office pour la protection des réfugiés et apatrides) et avoir ainsi obtenu la qualité de réfugié (99 % de décisions positives). Les raisons de leur demande d'asile se partagent entre « l'idéologie politique, le manque de liberté » et « la guerre, la violence », les femmes invoquant un peu plus souvent que les hommes ce dernier argument.

Développement de profils migratoires inédits

On a assisté, au cours des années soixante-dix et quatre-vingt, au développement de profils migratoires relativement inédits. Jusque-là, le profil le plus répandu était celui d'une migration de l'homme suivie ou non de celle de la femme qu'il a épousée avant de venir, ou qu'il est retourné épouser après son installation en France. Après 1974, les migrations d'hommes qui ont suivi, et non précédé, celle de leur femme se sont multipliées, migrations auxquelles il faut ajouter celles consécutives à un mariage avec une femme née en France. Épouser une femme résidant en France permet d'entrer ou de légaliser son séjour. Plusieurs types de mariage sont alors possibles.

Les populations immigrées appartenant à des cultures où le mariage arrangé par les familles est la règle et où l'on pratique, dans des proportions variables, le mariage préférentiel avec un membre de la parenté offrent des opportunités de migration certaines pour les jeunes gens qui souhaitent émigrer vers la France. On se trouve alors devant un véritable marché matrimonial avec une offre d'un côté, une demande forte de l'autre, et généralement un prix : celui de la dot. Celle-ci peut atteindre des montants tout à fait exorbitants en comparaison avec les usages en vigueur dans les pays d'origine.

Dans les courants migratoires suffisamment anciens pour que les filles nées en France soient en âge de se marier, une partie d'entre elles restent captives du marché matrimonial ethnique. C'est le cas de jeunes femmes nées en France de parents venus d'Algérie : plus de la moitié des jeunes femmes d'origine algérienne de 20-29 ans aujourd'hui mariées le sont à un homme né en Algérie. Elles présentent l'énorme avantage d'être françaises. Les épouser offrait, au moins jusqu'à une date récente, une rapidité d'entrée et une garantie de séjour plus grandes. Les parents ont, outre une dot éventuelle, la satisfaction de marier leur fille à un musulman.

Dans les autres courants, l'« offre » en jeunes filles nées en France est faible, les mariages concernent alors celles venues dans leur enfance, sans que cela modifie sensiblement le schéma décrit ci-dessus. Les courants marocain et surtout turc illustrent ce cas de figure.

On doit ajouter un autre type de mariage, qui concerne des hommes entrés célibataires en France, qui concrétisent leurs espoirs de rester en France par le mariage avec une

Française de souche : il s'agit surtout de jeunes hommes venus du Maroc, mais aussi d'Algérie. C'est probablement une des explications de la hausse récente des mariages mixtes et subséquemment de celle des acquisitions de la nationalité par mariage, observée chez les immigrés du Maroc.

Ces stratégies d'adaptation à la nouvelle donne migratoire apparaissent très nettement lorsqu'on compare la proportion de premiers mariages mixtes conclus par les hommes entrés à l'âge adulte comme célibataires pour l'ensemble des immigrés de moins de 60 ans à celle des célibataires plus récemment arrivés (moins de 40 ans, cf. tableau II). Alors que, globalement, la proportion de mariages célébrés avec une Française de souche varie peu suivant le pays d'origine (entre 12 % et 16 %), celle-ci est multipliée par deux pour le sous-groupe des plus jeunes migrants algériens et marocains (respectivement 26 % et 35 % ; cf. tableau II). Si l'on y ajoute les unions contractées

TABLEAU II. — TYPE DE MARIAGES CONTRACTÉS PAR LES HOMMES VENUS CÉLIBATAIRES D'ALGÉRIE ET DU MAROC
Champ : premiers mariages

	Algérie	Maroc
Proportion d'unions avec une Française de souche		
Immigrés âgés de 20-59 ans	15	15
Immigrés âgés de 20-39 ans	26	35
Proportion d'unions avec une femme née en France de même origine ethnique		
Immigrés âgés de 20-59 ans	7	5
Immigrés âgés de 20-39 ans	22	10

avec une femme née en France de même origine ethnique, qui connaissent une évolution aussi spectaculaire (la proportion de ces mariages est triplée chez les migrants algériens et doublée chez ceux du Maroc), on obtient ainsi près de la moitié des mariages contractés. Ce phénomène est très spécifique des migrations algérienne et marocaine et affecte peu les autres courants.

Pour les familles immigrées de Turquie, dont les parents sont généralement destinataires de la dot versée par la famille du futur époux, la politique restrictive leur offre une possibilité de négocier la dot en position encore plus favorable et les conduit à marier de manière privilégiée leurs filles avec des résidents en Turquie (deux tiers). Ces pratiques entraînent un déséquilibre du marché matrimonial ethnique en France qui amène les garçons des familles de migrants turcs à rechercher leur épouse au pays d'origine : près des trois quarts sont mariés à une jeune fille résidant en Turquie.

Cette forte instrumentalisation du mariage se greffe sur des pratiques traditionnelles laissant une faible place au libre choix du conjoint, et ne doit donc pas être confondue avec une généralisation du mariage blanc. C'est même tout le contraire pour ce qui concerne les mariages arrangés par les familles.

Si l'instrumentalisation du mariage a été vivement dénoncée comme ouvrant la porte à des mariages de convenance avec des Françaises de souche, conduisant trop promptement à l'acquisition de la nationalité française, ce n'est pourtant pas son inconvénient le plus grave. L'effet pervers de la politique migratoire restrictive réside surtout dans le renforcement de pratiques matrimoniales qui connaîtraient probablement une déstructuration plus forte dans une autre conjoncture. Elle joue contre l'assimilation des jeunes femmes en France en les rendant captives du marché matrimonial ethnique.

I
_____

LA SPHÈRE PRIVÉE

1

Langue maternelle, maîtrise du français : déperdition des langues d'origine[1]

Les immigrés venus à l'âge adulte ont souvent déjà appris à composer avec un univers linguistique multiple. C'est le cas des minorités berbères dans les pays du Maghreb, des minorités kurdes de Turquie, des minorités chinoises du Sud-Est asiatique et de la plupart des Africains noirs qui connaissent toujours plusieurs langues, tant la diversité linguistique des pays africains est forte. Les immigrés originaires de pays anciennement colonisés connaissent assez souvent le français avant d'émigrer vers la France : le français est ainsi la langue officielle de nombreux pays africains et est resté très présent dans l'enseignement dispensé dans les pays du Maghreb.

Or, la maîtrise du français joue un rôle central dans l'acculturation des immigrés. Son apprentissage, en situation d'immigration, dépend du niveau scolaire des migrants — ceux qui ne sont jamais allés à l'école auront forcément plus de difficultés — et de l'ouverture du groupe sur la société française. Ainsi, toute réclusion des femmes dans l'univers domestique aura généralement pour conséquence

---

1. La plupart des éléments de ce chapitre sont tirés de la partie « Pratiques linguistiques et connaissance du français », rédigée par P. SIMON, dans le rapport remis aux organismes financeurs.

de les exclure de l'univers linguistique français. Il peut arriver qu'une mauvaise maîtrise du français, en ne permettant pas d'évoluer dans un environnement suffisamment diversifié, ne puisse être surmontée. Pour peu que les difficultés à s'exprimer en français touchent des groupes d'immigrés à forte structuration communautaire, les inconvénients dans la vie quotidienne seront minimisés et la coupure avec la société d'accueil très importante.

Les jeunes vivant dans les familles immigrées, s'ils peuvent généralement accéder par l'école à une bonne maîtrise du français, ne se trouvent pas dans la même situation d'acculturation lorsque le français est intégré dans la communication familiale que lorsqu'il en est exclu. De ce point de vue, l'alphabétisation en français des adultes joue un rôle déterminant.

Degré de maîtrise du français

Ceux qui, aujourd'hui, maîtrisent le mieux le français ne sont pas forcément les ressortissants des anciens pays colonisés par la France : ce sont les migrants d'Espagne, dont un peu plus de 80 % parlent bien le français, ceux du Portugal et ceux d'Afrique noire (environ 75 %). On trouve ensuite les immigrés d'Algérie, du Sud-Est asiatique et du Maroc (de 70 % pour les premiers à 61 % pour les derniers). Les personnes nées en Turquie connaissent la situation la plus difficile avec à peine plus de 40 % de bonne maîtrise.

Un certain nombre d'immigrés sont venus dans leur enfance et parlent presque tous bien le français. Lorsqu'on ne retient que les migrants adultes, l'aisance en français est la plus grande chez les immigrés d'Afrique noire (68 %) et la plus faible chez ceux de Turquie (24 % ; cf. tableau III). Encore doit-on nuancer la situation des personnes venues d'Afrique noire en tenant compte de leur ethnie. On retrouve les deux composantes du courant africain avec, d'une part, les Mandés et les Peuhls connaissant mal le français (moins de 40 % le parlent correctement) et, d'autre part, les autres ethnies africaines maîtrisant bien le français (en général plus de 80 % le parlent bien ou très bien).

TABLEAU III. — PROPORTION D'IMMIGRÉS PARLANT BIEN LE FRANÇAIS
Champ : immigrés arrivés après l'âge de 15 ans

	Total	*Hommes*	*Femmes*
Afrique noire	68	72	65
Espagne	62	62	62
Portugal	61	63	60
Algérie	58	61	54
Sud-Est asiatique	51	60	42
Maroc	51	59	39
Turquie	24	34	13

Maîtrise orale du français souvent moins bonne chez les femmes

Parmi les personnes venues s'installer en France après l'âge de 15 ans, on distingue les groupes d'immigrés comprenant des femmes qui parlent français aussi bien que les hommes, ou presque : il s'agit de populations immigrées où l'activité féminine est relativement fréquente, celles originaires d'Espagne, du Portugal et d'Afrique noire et des populations originaires d'Algérie. Bien que souvent actives, les femmes venues du Sud-Est asiatique parlent assez mal le français (42 % ont une bonne maîtrise orale contre 60 % des hommes) : il est vraisemblable qu'elles travaillent assez souvent dans un univers communautaire où le français n'est pas indispensable. L'enclavement familial des femmes venues du Maroc explique leurs difficultés à s'exprimer en français (situation voisine de celles des Asiatiques du Sud-Est). Enfin, les femmes nées en Turquie sont presque totalement coupées de la société française puisque 13 % seulement d'entre elles parlent correctement le français (contre 34 % parmi les hommes).

La connaissance du français avant de venir en France améliore la maîtrise du français, mais n'explique pas toutes les différences entre pays d'origine

Les performances relativement bonnes en français des migrants algériens s'expliquent par la part importante de ceux qui connaissaient, au moins un peu, le français avant de venir en France : 75 % finissent par bien le parler dans ce cas, contre 32 % seulement chez ceux ne qui n'ont pas été familiarisés avec le français avant de venir en France. Par comparaison, les migrants espagnols, portugais et turcs sont *a priori* très défavorisés. Cela n'a pas empêché les deux premiers de combler leur handicap par un apprentissage en France, ce qui n'est pas le cas des migrants turcs.

Le bonus lié à la connaissance du français avant l'immigration joue cependant pour tous les pays d'origine. Il est particulièrement important pour les migrants originaires de pays où le français est la (ou une) langue d'enseignement. Dans ce cas, connaissance du français et alphabétisation vont de pair : ainsi, 65 % des hommes nés en Afrique noire ne parlant pas le français avant de venir en France ne sont jamais allés à l'école, proportion réduite à 10 % lorsqu'ils arrivent en connaissant déjà le français. Il n'est donc pas étonnant de constater les différences les plus grandes pour les migrants d'Afrique noire, où la maîtrise correcte du français est le fait de 20 % ou 86 % selon qu'ils le connaissaient déjà ou non avant de venir en France.

La durée des études module fortement les performances orales en français

Quelle que soit l'origine des immigrés arrivés en France à l'âge adulte, la durée des études est le corollaire d'un parler correct. Avec dix ans au moins de scolarité, ce sont les personnes originaires des pays anciennement sous administration française et les migrants portugais qui obtiennent les meilleures performances : 90 % environ parlent bien ou très bien le français, les femmes aussi bien que les hommes. Il sont suivis par les migrants espagnols (75 %). Les personnes venues du Sud-Est asiatique, d'un niveau scolaire équivalent, ont plus de mal à parler français : deux tiers seulement le maîtrisent correctement. Dans le cas des migrants de langue vietnamienne[2] ou chinoise, un handicap provient probablement de la difficulté de passer d'une langue monosyllabique et polytonique à une langue polysyllabique et monotonique. Les migrants turcs ayant fait des études ne sont encore que 54 % à parler correctement le français : il s'agit principalement d'hommes, le niveau scolaire des femmes turques venues en France étant très inférieur à celui des hommes.

S'agissant des migrants qui n'ont pas eu la chance d'aller à l'école, la situation est très contrastée à la fois suivant le pays d'origine et entre les hommes et les femmes. Les hommes venus d'Espagne ou d'Algérie il y a longtemps ont fini par intégrer le français et le parler, dans une proportion relativement importante (respectivement 56 % et 42 %). Cette proportion tombe à 25 % chez les migrants marocains et portugais et à 13 % chez ceux d'Afrique noire. Pour les femmes, la situation est globalement moins favorable sauf pour celles nées en Espagne (47 % parlent correctement le français). Elle devient carrément dramatique pour celles nées en Turquie (7 %).

La situation des femmes d'un niveau scolaire faible (moins de dix ans d'études) originaires du Sud-Est asiatique n'est guère meilleure : 20 % seulement parlent bien ou très bien le français.

Les migrants espagnols et portugais ont réussi à bien

---

2. M. TANH, « Dix mille li à travers les mots. La migration linguistique des Asiatiques », *in Migrants et Formation*, n° 67, décembre 1986.

maîtriser le français, sans passer par des cours d'alphabétisation. Au contraire, les personnes venues du Sud-Est asiatique, généralement dans le cadre d'accords avec le Haut Commissariat aux réfugiés, ont été très souvent dirigées sur des cours d'alphabétisation dans le cadre des procédures d'accueil (59 %). Ce n'est le cas que d'un petit tiers des migrants turcs qui, compte tenu de leurs besoins, auraient dû en bénéficier massivement.

Lecture et écriture dans la langue d'origine et en français : les migrants d'Afrique noire sont les mieux placés

L'illettrisme dans la langue maternelle est particulièrement développé parmi les immigrés venus après l'âge de 15 ans en provenance d'Algérie (74 % ne savent ni lire ni écrire l'arabe ou le tamazight), ainsi que du Maroc, mais dans une moindre mesure pour ce dernier (60 %). Les premiers écrivent et lisent un peu plus souvent le français (38 %) et l'illettrisme en français est aussi fréquent que l'illettrisme dans la langue maternelle chez les seconds (tableau IV). Les plus lettrés en français sont les migrants d'Afrique noire (68 %). Si l'on observe une certaine corrélation entre l'illettrisme dans la langue maternelle et en français, celle-ci ne joue pas chez les migrants turcs : plus des deux tiers savent écrire et lire le turc, mais 16 % seulement maîtrisent aussi bien le français. Dans leur cas, l'illettrisme en français ne reflète pas un défaut d'alphabétisation mais un repli identitaire.

Les immigrés arrivés en France alors qu'ils étaient encore des enfants déclarent généralement savoir lire et écrire le français à près de 100 %. On retrouve cependant des difficultés un peu plus importantes parmi les personnes ori-

TABLEAU IV. — PROPORTION D'IMMIGRÉS SACHANT LIRE
ET ÉCRIRE LE FRANÇAIS, LA LANGUE MATERNELLE
Champ : immigrés arrivés après l'âge de 15 ans

	Français	Langue maternelle
Afrique noire	68	34*
Espagne	62	77
Sud-Est asiatique	52	83
Portugal	51	77
Maroc	41	40
Algérie	38	26
Turquie	16	69
* Beaucoup de ces langues sont orales.		

ginaires de Turquie et du Sud-Est asiatique arrivées, en
moyenne, à un âge un peu plus tardif.

*Vie courante : incidence faible sur l'autonomie des
démarches administratives orales, plus forte
pour les démarches écrites*

La mauvaise maîtrise du français n'a pas une incidence
trop importante sur la capacité à mener seul et oralement
des démarches administratives : presque tous les hommes
ayant déclaré avoir des difficultés à parler le français arrivent à se faire comprendre, sauf les migrants turcs qui ne
sont plus que deux tiers à garder une certaine autonomie
dans ce domaine. Pour les femmes, le handicap est généralement plus grand. Seules celles nées en Espagne ou au
Portugal n'éprouvent pas plus de difficultés que les hommes. Celles venues du Sud-Est asiatique et d'Afrique noire
se débrouillent encore relativement bien : 70 % se déclarent autonomes dans leurs démarches administratives orales. En revanche, près de la moitié des femmes nées en
Algérie ou au Maroc et deux tiers des femmes nées en Turquie en sont incapables.

Parmi les immigrés venus après l'âge de 15 ans, l'autonomie se trouve notablement réduite lorsqu'il s'agit de rédiger une lettre. Les migrants d'Afrique noire, très alphabétisés en français, se débrouillent le mieux : deux tiers peuvent rédiger seuls une lettre. Les plus mal lotis sont encore les migrants turcs (12 %). La maîtrise du français à l'écrit est, pour les autres, souvent insuffisante pour leur donner une véritable indépendance, même chez les migrants espagnols et portugais (un tiers d'entre eux seulement se disent capables de rédiger seuls une lettre en français). En dépit de leurs difficultés importantes à maîtriser le français, près de la moitié des migrants du Sud-Est asiatique déclarent pouvoir rédiger seuls une lettre en français. Il est vraisemblable que les difficultés rencontrées par ces migrants les conduisent à apprécier leur prestation orale plus sévèrement que d'autres, mais qu'une forte alphabétisation dans leur langue leur permet de se débrouiller à l'écrit mieux que d'autres.

Une bonne maîtrise du français favorise les relations avec les Français

La maîtrise du français joue un rôle déterminant sur le type de loisir et donc sur les sorties et les relations de voisinage. Les immigrés qui parlent mal le français ont généralement tendance à sortir moins souvent que les autres, sauf les migrants turcs qui évoluent dans un milieu peu mélangé, ce qui ne freine guère leurs occasions de sortie : ils vont plus souvent rendre visite à des amis ou au café qu'à un spectacle en français qu'ils sont dans l'impossibilité de comprendre. La sociabilité de voisinage elle-même dépend de l'aptitude à s'exprimer en français : on fréquente les personnes avec lesquelles on peut échanger quelques mots, ce qui corollairement n'est guère de nature à améliorer la pratique du français.

Une bonne maîtrise du français réduit le caractère communautaire de la sociabilité de voisinage. Ainsi, les migrants espagnols parlant bien français ne sont plus que

6 % à recevoir ou visiter surtout des compatriotes. Pour les autres courants, ces relations de voisinage privilégiées avec des personnes de même origine ethnique concernent généralement entre un quart et un tiers des migrants. Les migrants turcs occupent une position singulière puisque près de la moitié de ceux qui parlent bien français ont des relations surtout avec des compatriotes.

Ce type de relation se trouve fortement accru lorsque les immigrés parlent mal le français : c'est le cas pour plus des deux tiers des migrants du Maroc, du Sud-Est asiatique, d'Afrique noire et de Turquie faibles en français. Il est clair que la faible capacité globale à s'exprimer en français des migrants turcs renforce le repli communautaire.

Langue parlée à la maison et acculturation

L'usage du français à la maison joue un rôle central dans le processus d'acculturation. Parler français à son conjoint mais surtout à ses enfants, même avec difficulté, a valeur symbolique et montre une volonté de composer avec la société d'accueil : le français n'est plus seulement la langue de communication entre « eux » et « nous », mais aussi « entre nous ». Dans un certain nombre de cas, les parents, et plus encore les mères, sont dans l'incapacité de ne parler que le français à leurs enfants. Cependant, lorsque la communication mélange les deux langues, c'est déjà une manière d'intégrer le français pour communiquer dans la sphère domestique ; nous parlerons alors de langues alternées.

La langue parlée à la maison : usage généralisé du français lorsque l'union est mixte

Les migrants d'Espagne, du Portugal, d'Algérie et d'Afrique noire sont les moins nombreux à n'utiliser que leur langue maternelle pour parler avec leur conjoint : proportion allant de 20 % pour les premiers à 34 % pour les derniers. Ce mode de communication est beaucoup plus fréquent parmi les migrants du Sud-Est asiatique, du Maroc, mais surtout de Turquie (75 %). Chez ces derniers, seulement 6 % parlent exclusivement le français à leur conjoint. Ce sont les immigrés nés en Espagne qui parlent plus volontiers en français avec leur conjoint (54 %).

Si l'on ne retient que les migrants adultes (venus après l'âge de 15 ans), l'usage exclusif de la langue maternelle avec le conjoint est généralement plus répandu : la proportion varie de près de 80 % chez les migrants turcs à 35 % chez les migrants espagnols. L'origine ethnique du conjoint joue bien évidemment de manière décisive : lorsque les immigrés ont un conjoint français de souche, le français devient la langue quasi exclusive de communication, quelle que soit l'origine des immigrés. Pour les courants connaissant beaucoup d'unions mixtes, comme c'est le cas de celui d'Espagne par exemple, le français a beaucoup plus de chances de s'imposer comme langage familial. Au contraire, il en a beaucoup moins dans les groupes d'immigrés hostiles aux unions mixtes, comme celui des originaires de Turquie.

Les immigrés font l'effort de parler français avec leurs enfants, même si c'est en alternance, sauf ceux de Turquie

La langue de communication avec les enfants nous paraît jouer un rôle beaucoup plus fondamental, moins par l'impact attendu sur la scolarité des enfants que par la rapidité d'acculturation qu'elle suscite. Il n'est d'ailleurs pas sûr que parler en français à ses enfants, avec difficulté, soit plus favorable à la scolarité qu'un échange dans la langue maternelle. Le bilinguisme peut représenter un atout, lorsque les enfants sont venus assez tôt en France ou qu'ils y sont nés. En revanche, l'usage du français dans le cercle familial montre le désir des parents de faire ce qu'il faut pour que leurs enfants réussissent et permet une plus grande acculturation des enfants.

Les immigrés sont peu nombreux à n'utiliser que leur langue maternelle pour converser avec leurs enfants, généralement moins de 20 % (tableau V). C'est pourtant le cas d'un quart des parents nés au Maroc et surtout d'un peu plus de la moitié des parents nés en Turquie. Chez ces derniers, l'usage exclusif du français est rarissime (7 %).

TABLEAU V. — PROPORTION D'IMMIGRÉS PARLANT
SEULEMENT LE FRANÇAIS, SEULEMENT LA LANGUE
MATERNELLE À LEURS ENFANTS
Champ : immigrés arrivés après l'âge de 15 ans

	Français seul	*Langue maternelle seule*
Afrique noire	54	19
Espagne	37	18
Algérie	35	19
Maroc	28	26
Portugal	26	17
Sud-Est asiatique	23	18
Turquie	7	56

L'intégration du français dans les conversations avec les enfants prend des formes variées. De manière générale, même lorsque les parents cherchent à parler en français avec leurs enfants, les difficultés qu'il éprouvent les poussent à l'utiliser en alternance avec la langue maternelle. Cependant, la majorité des migrants d'Afrique noire parlent seulement français à leurs enfants. Au contraire, près de 60 % des parents nés au Sud-Est asiatique alternent le français et la langue maternelle lorsqu'ils parlent à leurs enfants : cela reflète assez bien, pour ces derniers, le désir des parents de donner des chances de réussite à leurs enfants tout en préservant la culture d'origine, dont la langue est l'outil de perpétuation par excellence. On observe une proportion voisine d'usage des langues en alternance chez les parents nés au Portugal. Lorsque le couple parental est mixte, la pratique exclusive de la langue maternelle devient rarissime, et celle du français domine.

Le type d'écoute musicale des jeunes élevés, au moins en partie, en France est un bon indicateur du degré d'acculturation des enfants qui recoupe tout à fait les observations tirées de la langue parlée à la maison. La plupart des jeunes arrivés en France dans leur enfance et des jeunes nés en France d'origine espagnole, algérienne ou portugaise montrent une désaffection à l'égard de la musique folklorique du pays d'origine et ont une écoute musicale proche de celle de l'ensemble des jeunes en France. Ce type de musique reste cependant en bonne position parmi les goûts des jeunes élevés dans les familles marocaines. Ceux des familles asiatiques ont une carte musicale très différente de celle des jeunes en France et les goûts des jeunes des familles turques se rapprochent fortement de ceux de leurs parents. Il y a donc, dans leur cas, à des degrés divers, une plus faible identification à la jeunesse française.

Déperdition des langues d'origine au fil des générations

Nous disposons de plusieurs points dans le temps pour juger de la déperdition de la langue d'origine : le premier est fourni par les personnes nées à l'étranger et ayant suivi leurs parents, à un âge plus ou moins avancé ; le deuxième correspond aux jeunes nés en France pour lesquels nous ne disposons d'information que lorsque les parents sont nés en Algérie, en Espagne ou au Portugal ; enfin, un troisième point est constitué par les enfants de ces derniers lorsqu'ils en ont.

Degré d'alphabétisation dans la langue maternelle des personnes venues en France enfants : généralement lié à l'illettrisme des parents

Si presque tous les migrants venus enfants en France ont appris à lire et à écrire à peu près correctement le français, ils ne sont pas tous également alphabétisés dans la langue d'origine : ils la parlent généralement correctement, mais ne savent pas toujours l'écrire ni la lire (tableau VI). La faible alphabétisation des parents retentit généralement sur

TABLEAU VI. — PROPORTION D'IMMIGRÉS SACHANT LIRE
ET ÉCRIRE LE FRANÇAIS, LA LANGUE MATERNELLE
Champ : immigrés arrivés avant l'âge de 16 ans

	Français	*Langue maternelle*
Espagne	98	76
Afrique noire	97	20*
Portugal	96	62
Maroc	94	18
Algérie	92	8
Sud-Est asiatique	86	37
Turquie	84	76
* Beaucoup de ces langues sont orales.		

celle de leurs enfants : ainsi, 8 % seulement des migrants algériens arrivés en France avant l'âge de 16 ans savent lire et écrire l'arabe (ou le tamazight). L'illettrisme dans la langue des parents est encore très important parmi les jeunes migrants marocains (82 %) et ceux du Sud-Est asiatique, mais dans une moindre mesure (63 %). A l'illettrisme des parents nés au Maroc ou en Algérie, incapables d'apprendre l'écriture de leur langue à leurs enfants, s'ajoute la difficulté propre à l'arabe, pratiquement absent du système scolaire français. La plus grande maîtrise à l'écrit est le fait des migrants espagnols et turcs élevés, au moins en partie, en France : plus des trois quarts peuvent lire et écrire la

langue de leurs parents. Pour les premiers, la place de
l'espagnol dans l'enseignement du second degré en France
est un atout indéniable. Pour les seconds, l'aptitude à la
lecture et à l'écriture en turc est supérieure à celle des
parents, reflétant certes un effet de génération dans la couverture scolaire en Turquie et une venue tardive des enfants
déjà scolarisés à leur arrivée en France, mais aussi une
volonté des parents de protéger et de transmettre la culture
d'origine. Il est probable que joue également en leur faveur
la relative simplicité de l'alphabet latin du turc par rapport
à l'alphabet arabe, plus difficile à assimiler même pour les
jeunes arabophones (sans parler des problèmes inhérents à
la forte démarcation entre dialectes maghrébins et langue
classique).

*Les personnes venues enfants parlent généralement le
français avec leur conjoint et leurs propres enfants, sauf...
les migrants turcs*

La scolarisation, au moins partielle, en France permet à
tous les immigrés arrivés en France alors qu'ils étaient
encore enfants de maîtriser suffisamment le français pour
être en mesure de le parler avec leur conjoint et leurs
enfants.

De fait, ils sont très peu nombreux à parler exclusivement leur langue maternelle avec leur conjoint sauf
lorsqu'ils sont originaires du Sud-Est asiatique (27 %), mais
surtout de Turquie (60 %). Ces derniers ne sont que 10 %
à parler exclusivement le français. Ceux d'Espagne parlent
surtout le français, les unions mixtes ayant été très fréquentes parmi eux. De manière générale, plus ils sont entrés
jeunes, plus ils auront tendance à ne parler que le français
avec leur conjoint, mais l'évolution reste faible chez les
migrants turcs.

Les jeunes élevés en France dans une famille turque ont
généralement parlé en turc (ou kurde) avec leurs parents
souvent incapables de leur parler français. Ils l'ont appris

et utilisé surtout en dehors de la famille. Cet état de fait a spécialisé chacune des langues : le turc pour la sphère domestique et le français pour communiquer à l'extérieur, séparation qui ne peut que renforcer un sentiment identitaire. Ceux qui maîtrisent le français continuent donc dans une proportion écrasante (90 %), et tout à fait inhabituelle comparée aux autres groupes, à parler turc (ou kurde) avec leurs enfants, même s'ils l'alternent le plus souvent avec le français (pour les deux tiers d'entre eux). Près d'un tiers encore ne parle que leur langue d'origine à leurs enfants, situation quasi inexistante pour les autres groupes. Seuls les immigrés du Sud-Est asiatique venus dans leur enfance sont également peu nombreux à ne parler que le français à leurs enfants.

La langue étant le vecteur culturel par excellence, la déperdition des langues d'origine exprime un processus d'acculturation certain. Il est vraisemblable que ce processus, très avancé pour la plupart des groupes d'immigrés, sera plus long dans le courant du Sud-Est asiatique, *a fortiori* dans le courant turc.

De la deuxième à la troisième génération : forte déperdition de la langue d'origine

On doit distinguer d'abord les jeunes ayant deux parents immigrés[3]. Parmi eux, la plupart des jeunes d'origine algérienne déclarent le français comme langue maternelle (87 %), associé ou non avec l'arabe (28 % des cas) ou le berbère (7 %). La proportion de berbérophones déduite des déclarations reflète à peu près celle observée parmi les immigrés. Les jeunes d'origine espagnole ou portugaise sont un peu moins nombreux à déclarer le français comme une (ou la seule) langue maternelle (respectivement 66 %

---

3. Il s'agit ici des jeunes âgés de 20-29 ans, nés en France d'au moins un parent né en Algérie, en Espagne, ou au Portugal.

et 73 %) ; ils déclarent également moins souvent le français seul.

Lorsque le couple parental est mixte, les jeunes déclarent très massivement n'avoir qu'une langue maternelle, le français : plus de 90 % des jeunes d'origine algérienne ou portugaise, mais 78 % seulement des jeunes d'origine espagnole.

Aujourd'hui, presque tous les jeunes ayant deux parents immigrés peuvent comprendre leurs parents dans leur langue. Cependant, lorsque le couple parental est mixte, tel n'est plus le cas, la déperdition la plus forte s'observant parmi les jeunes d'origine algérienne : 28 % seulement comprennent la langue d'origine, contre 49 % des jeunes d'origine portugaise et encore 70 % des jeunes d'origine espagnole. En raison de la connaissance initiale du français par les parents avant la migration en France, et de la difficulté de la langue arabe, le processus de déperdition est toujours plus marqué chez les jeunes d'origine algérienne, surtout si l'un des parents est lui-même né en France.

Comprendre ses parents lorsqu'ils parlent dans leur langue est une chose, mais être capable de leur répondre dans la même langue en est une autre. Là encore, ce sont les jeunes d'origine algérienne qui ont le plus de difficultés à s'exprimer en arabe (berbère) : cependant, un peu plus des deux tiers en sont capables ; à peine plus de 20 % seulement si l'un des parents est né en France.

Lorsqu'ils ont des enfants, ces jeunes d'origine étrangère leur parlent presque exclusivement en français, sans qu'on note de gros écarts dans les pratiques en fonction de l'origine ethnique : environ huit jeunes sur dix lorsque les deux parents sont immigrés et neuf sur dix quand un des parents est né en France (tableau VII). De ce fait, les petits-enfants d'immigrés sont peu nombreux à pouvoir s'exprimer dans la langue de leur(s) grand(s)-parent(s) et la déperdition est presque totale lorsqu'un de ces grands-parents est lui-même né en France (tableau VIII). Ces enfants sont encore jeunes et peuvent, dans certains cas, apprendre la langue des

TABLEAU VII. — PROPORTION DE JEUNES D'ORIGINE
ÉTRANGÈRE PARLANT SEULEMENT LE FRANÇAIS
À LEURS ENFANTS (%)

Deux parents nés au Portugal	81
Deux parents nés en Espagne	79
Deux parents nés en Algérie	77
Un seul parent né en Espagne	94
Un seul parent né en Algérie	92

grands-parents en prenant des cours. Ceux ayant au moins
un grand-parent né en Espagne seront favorisés et pourront apprendre l'espagnol à l'école. Il sera beaucoup plus
difficile aux petits enfants d'immigrés d'Algérie d'apprendre l'arabe.

TABLEAU VIII. — PROPORTION DE JEUNES D'ORIGINE
ÉTRANGÈRE POUVANT S'EXPRIMER DANS LA LANGUE DE LEURS
PARENTS ET PROPORTION DE LEURS ENFANTS SACHANT UN
PEU PARLER LA LANGUE DES GRANDS-PARENTS

	Jeunes nés en France	Leurs enfants
Deux parents (grands-parents) nés en Espagne	91	35
Deux parents (grands-parents) nés au Portugal	84	29
Deux parents (grands-parents) nés en Algérie	69	24
Un seul parent (grand-parent) né en Espagne	54	8
Un seul parent (grand-parent) né au Portugal	31	5
Un seul parent (grand-parent) né en Algérie	21	—

2

Pratiques matrimoniales traditionnelles : leurs aménagements en situation d'immigration

L'assimilation des populations immigrées en France implique un aménagement des pratiques matrimoniales traditionnelles. La polygamie, incompatible avec le droit français, et plus généralement avec le droit européen, ne devrait donc pas perdurer en situation d'immigration. Il est notamment inconcevable qu'elle touche les générations élevées, au moins en partie, en France.

Le choix du conjoint est devenu, dans la plupart des sociétés occidentales, un choix individuel. L'assimilation suppose aussi l'affaiblissement du rôle de la famille et la disparition du mariage préférentiel[1] dans la parenté, pratiques visant, à l'origine, à la conservation du patrimoine. En Turquie, deux types de mariage préférentiel sont possibles : le mariage exogame matrilatéral d'après la tradition altaïque (mariage avec la fille de l'oncle maternel, sans réciprocité) ou le mariage arabe patrilatéral (mariage avec la

---

1. On parle de mariage préférentiel pour définir les pratiques qui recommandent le mariage des garçons avec un membre de la parenté, généralement la fille de l'oncle paternel ou quelquefois de l'oncle maternel.

fille de l'oncle paternel). Ce dernier type de mariage caractérise donc aussi les pays du Maghreb.

Polygamie : étendue des pratiques en France

Il nous faut distinguer deux niveaux de la pratique de la polygamie :
— d'une part, la présence en France d'hommes polygames, sans aucune épouse en France ou vivant avec une seule épouse ;
— d'autre part, la présence en France de familles dans lesquelles vivent plusieurs co-épouses : il y a bien polygamie effective en France et c'est celle-ci qui fait problème.

La polygamie est l'objet de fortes controverses, y compris au niveau juridique. Si un décret en Conseil d'État avait reconnu le droit en 1980 (Affaire Montcho, 11 juillet 1980), pour un homme polygame, de faire venir une seconde épouse pourvu que le mariage ait été contracté avant l'entrée en France, la nouvelle loi sur l'entrée et le séjour des étrangers d'août 1993 (loi Pasqua) rend contraire à l'ordre public la pratique de la polygamie : elle prévoit ainsi le retrait du titre de séjour de l'homme vivant avec plusieurs épouses et de chacun des membres de sa famille.

Qu'en est-il réellement de l'extension des pratiques polygames en France ?

Présence en France d'hommes polygames, sans polygamie effective : un phénomène touchant seulement les populations d'Afrique noire

Il n'y a pratiquement pas d'hommes polygames dans les populations originaires du Maghreb ou de Turquie : environ 1 % des hommes mariés. Ils se recrutent essentiellement parmi les migrants d'Afrique noire occidentale, où la polygamie est pratiquée quelle que soit la religion (animiste, chrétienne ou musulmane, ou encore religions syncrétiques).

Les immigrés d'Afrique noire, lorsqu'ils vivent seuls en France, résident surtout dans les foyers. Pour les hommes polygames n'ayant pas fait venir leur(s) épouse(s), ce type d'habitat représente un mode d'hébergement pratique, à caractère à la fois provisoire et communautaire. L'enquête, qui comprenait un petit échantillon de Maliens et de Sénégalais vivant dans des foyers de travailleurs, montre qu'un peu plus du tiers d'entre eux ont plusieurs épouses dans leur pays d'origine. La polygamie ne se rencontre pas chez les jeunes : avant 30 ans, aucun homme n'est polygame. Les immigrés interrogés dans les foyers comprennent une forte proportion de Mandés (70 %) et c'est principalement parmi eux que l'on trouve les polygames. L'enquête en ménages ordinaires ayant porté, pour le courant d'Afrique noire, sur des hommes et des femmes âgés de 20-39 ans ne permet pas d'approcher la polygamie effective en France par les déclarations masculines. C'est néanmoins possible à travers les déclarations des femmes. L'écart d'âge important entre les époux permet d'appréhender, par leur intermédiaire, une population masculine en âge d'avoir plusieurs épouses : en effet, aucune femme née en Afrique noire et âgée de 20-39 ans n'a un époux ayant moins de 35 ans, la moyenne d'âge de ces hommes étant plutôt voisine de 45 ans.

Seuls les Mandés sont polygames dans l'hexagone

Parmi les femmes mariées âgées de 20-39 ans, 20 % vivent avec un mari polygame, mais la moitié seulement résident avec des co-épouses, ce qui ramènerait la pratique de la polygamie effective à une fréquence voisine de 10 %. Lorsqu'on fait intervenir l'appartenance ethnique, on s'aperçoit que ces femmes sont toutes d'ethnie Mandé. Dans l'ensemble des femmes mandé mariées résidant en France, 70 % vivent avec une co-épouse. Nous retrouvons là un point de concordance avec l'observation faite dans les foyers de travailleurs.

Bien que de confession musulmane, et donc plus à l'aise pour répondre à cette question que d'autres, aucune femme wolof ou peuhl n'a signalé de co-épouse, ce qui interdit de rattacher la polygamie au facteur religieux. D'ailleurs, celui-ci n'intervient pas en Afrique même, où d'autres ethnies animistes et/ou chrétiennes sont polygames. Ce ne serait pas le cas en France.

Ainsi, en dépit d'une pratique de la polygamie généralisée en Afrique noire occidentale, son extension en France ne concerne pas l'ensemble des populations qui en sont originaires, mais paraît circonscrite au groupe ethnique Mandé qui représente un peu moins du quart de la population noire africaine. Il s'agit d'une immigration de main-d'œuvre très rurale et très peu scolarisée qui a fourni, avec les Toucouleurs, les pionniers de la migration noire africaine en France, bien avant les indépendances[2]. Ce flux s'est appuyé sur des réseaux ethnico-villageois qui ont eu tendance à reproduire en France les modes de vie traditionnels.

Quelques milliers de ménages polygames en France

Diverses estimations ont déjà été données de la fréquence de la polygamie en France qui se fondaient, soit sur des enquêtes locales[3], soit sur des informations collectées auprès d'associations villageoises[4]. Pour certaines, on se demande sur quoi elles se fondent, ni la méthode ni la source n'étant indiquées. L'enquête fournissant des éléments plus solides d'appréciation du phénomène, elle

---

2. J. Barou, « Travailleurs africains en France », *Hommes et Migrations*, n° 937, 1977.
3. « Vivre la ville, le logement des familles africaines » (rapport non publié, 1992) cité par J. Barou dans « L'immigration en France des ressortissants des pays d'Afrique noire », Rapport du groupe de travail interministériel du secrétariat général à l'Intégration, juin 1992.
4. C. Quiminal et C. Bodin, « Mode de constitution des ménages polygames et vécu de la polygamie en France », *Migrations études*, octobre 1993.

permet de donner une estimation du nombre de ménages polygames résidant en France, qui remplacera, nous l'espérons, les chiffres les plus fantaisistes qui ont circulé jusqu'à présent.

En supposant même que tous les ménages mandés dont l'homme a 40 ans ou plus soient polygames, le nombre de ménages ne serait que de quelques milliers, et en tout cas inférieur à 10 000.

Aménagement des pratiques du mariage préférentiel dans la parenté

Dans les populations immigrées concernées par ce type de pratique, les unions avec un conjoint apparenté représentent généralement entre un cinquième et un quart des couples mariés résidant en France. Pour les immigrés d'Algérie et du Maroc, on n'observe pas de différences significatives entre Berbères et Arabes. La moitié de ces couples apparentés regroupent des cousins germains. Cette proportion est un peu supérieure chez les couples d'immigrés turcs (un peu plus des deux tiers). Ce sont généralement dans les campagnes que les pratiques traditionnelles en matière d'unions et l'organisation familiale étendue survivent le plus longtemps : on retrouve ce résultat parmi les immigrés installés en France : les familles d'origine rurale respectent plus souvent la règle du mariage préférentiel entre cousins.

Le mariage préférentiel avec la cousine germaine se montre cependant moins fréquent dans les populations immigrées qu'au Maghreb même : plus de deux trois fois moins, d'après les données les plus récentes tirées des enquêtes réalisées en Algérie et au Maroc[5]. Ces écarts s'expliquent d'abord par un effet de sélection : la migration retient des

---

5. M. KLAT, « Endogamy in the Arab world », *in Genetic Deseases Among Arabs*, Oxford University Press, à paraître.

couples mariés moins souvent apparentés que la moyenne nationale. Ainsi, la proportion de mariages entre cousins germains chez les personnes entrées mariées est près de deux fois moindre que celle observée au Maroc ou en Algérie. Outre ce processus de sélection, ces écarts s'expliquent également par un relâchement des pratiques traditionnelles au contact des sociétés occidentales.

Recul du mariage préférentiel dans les familles originaires d'Algérie et du Maroc

Les personnes arrivées en France encore célibataires se sont moins souvent mariées avec quelqu'un de leur parenté que les immigrés entrés déjà mariés.

La mesure de ces pratiques est particulièrement intéressante pour celles arrivées dans leur enfance et donc élevées en partie en France : la part des mariages préférentiels se réduit chez eux à un peu plus de 10 % parmi les immigrés d'Algérie et encore un peu moins parmi ceux originaires du Maroc (tableau IX). Ces proportions sont à comparer aux 21 % à 30 % observés chez les migrants arrivés mariés. La réduction est due, pour le courant algérien, à la part non négligeable d'unions se réalisant avec des personnes nées en France, Françaises de souche ou non. Au contraire,

TABLEAU IX. — PROPORTION DE MARIAGES
ENTRE APPARENTÉS
IMMIGRÉS D'ALGÉRIE ET DU MAROC

	Entrés mariés	Entrés avant 16 ans
Maroc		
Hommes	27	5
Femmes	29	10
Algérie		
Hommes	21	11
Femmes	30	12

les mariages à des immigrés comprennent plus de mariages entre apparentés, et même plus que les unions célébrées par des immigrés venus célibataires à l'âge adulte, ces derniers échappant plus facilement à la tutelle des familles.

Les jeunes nés en France de parents nés en Algérie (jeunes d'origine algérienne) et âgés de 20-29 ans sont encore peu nombreux à vivre en couple, encore moins à être mariés. La mesure des unions préférentielles entre apparentés est donc moins assurée. Elle indique cependant qu'une union sur dix seulement réunirait des cousins, et que les mariages préférentiels comprendraient surtout des couples où le conjoint est immigré. Ce phénomène semble un peu plus accentué chez les jeunes femmes. Parmi ces jeunes de 20-29 ans, les mariages déjà contractés sont les plus précoces, et donc probablement ceux qui obéissent le plus aux volontés des familles. Il est raisonnable de penser que ceux qui suivront y échapperont plus facilement. Pour les jeunes qui ne vivent pas en couple mais ont un(e) petit(e) ami(e), très rares sont ceux qui sortent avec un(e) cousin(e).

Renforcement des pratiques du mariage préférentiel parmi les immigrés turcs

Contrairement aux courants migratoires algérien et marocain, le courant turc est marqué par un renforcement, en exil, de la pratique du mariage préférentiel (tableau X). Les migrants turcs élevés dans leur famille en France ont été plus souvent mariés à un cousin que ceux déjà mariés à leur venue en France (un peu plus d'un tiers contre un quart). Cette pratique semble même plus intense en France qu'en Turquie : la proportion d'unions entre membres de la même famille est ainsi tout à fait comparable à celle caractérisant les familles étendues en milieu rural en Turquie[6] il y a vingt ans !

---

6. S. Timur, *Demographic Correlates of Woman' Education : Fertility, Age,*

TABLEAU X. — PROPORTION DE MARIAGES
ENTRE APPARENTÉS
IMMIGRÉS DE TURQUIE

	Entrés mariés	Entrés avant 16 ans
Hommes	23	28
Femmes	26	38

Les pratiques du mariage préférentiel se sont d'ailleurs accentuées avec le temps : elles sont d'autant plus intenses que l'arrivée en France est récente (tableau XI). Ces observations corroborent tout à fait ce que nous disions dans le chapitre introductif sur le rôle instrumental et décisif des mariages dans l'alimentation des flux migratoires récents. Elles supposent également un contrôle communautaire des mariages très fort, dont on retrouvera les effets lorsque nous évaluerons la place des unions mixtes.

TABLEAU XI. — PROPORTION DE MARIAGES
ENTRE APPARENTÉS CHEZ LES MIGRANTS TURCS,
PAR PÉRIODE D'ARRIVÉE (%)

	Hommes	Femmes
Avant 1975	16	16
1975-1984	25	27
1985 et après	30	35

Moins de mariages arrangés en France

Cette pratique du mariage entre cousins n'est qu'un des aspects de la contrainte qui pèse sur la formation des unions. Si, à l'exception du courant migratoire turc, ces

Marriage and Family, in Congrès international de la population de Mexico en 1977, UIESP, vol. 1, 1978.

pratiques ont tendance à régresser, ce recul ne s'accompagne pas d'un abandon total du contrôle des mariages par les familles. Les conditions de la migration et la répartition de la famille élargie sur un double espace national ne sont, certes, guère favorables au maintien du mariage entre cousins. Cependant, la famille peut, tout en sortant du cercle familial, continuer à maîtriser le mariage de ses enfants en intervenant dans le choix du conjoint : on parlera alors de *mariages arrangés*. Elle sera d'autant plus tentée de le faire que le risque d'un mariage avec un conjoint non musulman, ou simplement en dehors du groupe de même origine, lui paraît insupportable. Dans ce cas, la contrainte va s'exercer plus fortement sur les filles que sur les garçons.

L'enquête permet d'appréhender l'importance des mariages arrangés selon que l'intéressé déclare avoir donné son consentement ou non[7]. Disons tout de suite que la part des mariages arrangés sans le consentement des intéressés ne permet pas de mesurer l'intensité de la contrainte qui pèse sur le choix du conjoint. En effet, la pression sociale, lorsqu'elle est très forte, peut suffire à elle seule et ne nécessite pas forcément une intervention très directe de la famille pour contraindre le jeune homme ou la jeune fille à faire le choix « adéquat ». Ainsi, une surveillance constante des jeunes filles par la famille est de nature à limiter fortement le cercle des prétendants : pour une jeune fille qui ne serait pas autorisée à sortir, celui-ci se réduirait aux jeunes gens autorisés à pénétrer dans le cercle familial.

Nous ne disposons pas de données sur les mariages arrangés dans les pays d'origine pour apprécier l'évolution de ces pratiques en situation d'immigration. Notre point de comparaison s'appuiera donc sur la situation caractérisant les immigrés entrés mariés, pour lesquels le choix du conjoint s'est fait au pays d'origine.

La question du contrôle des familles sur le mariage de

---

7. La question précise était celle-ci : « Votre conjoint a-t-il été choisi par votre famille sans votre consentement, par votre famille avec votre consentement, par vous-même ? »

leurs enfants se pose principalement pour les familles immigrées maghrébines et turques. Globalement, dans l'ensemble des immigrés, environ 40 % des hommes et entre 50 % et 60 % des femmes ont épousé, en premières noces, un conjoint choisi par la famille, généralement avec leur consentement. Le consentement est cependant moins souvent requis lorsque l'intéressé est une femme, surtout lorsqu'elle est née en Algérie : 59 % des mariages sont arrangés, dont un tiers sans le consentement de la femme.

On dira qu'il y a régression de ces pratiques lorsqu'elles sont moins fréquentes parmi les personnes nées ou élevées en France que parmi celles qui se sont mariées avant de venir en France.

Important recul des mariages arrangés en France
par les familles originaires d'Algérie et du Maroc

La proportion de mariages arrangés a été voisine de 70 % pour les femmes entrées mariées, et de 60 % pour les hommes, pour les originaires d'Algérie comme pour ceux du Maroc (tableau XII). On n'en retrouve plus qu'un tiers chez ceux nés en Algérie et élevés en partie en France. Ce type de mariage semble avoir complètement disparu parmi les jeunes d'origine algérienne nés en France et actuellement mariés. De même, les enfants élevés en France dans les familles immigrées du Maroc ne sont plus qu'un peu plus de 10 %, hommes et femmes, à avoir été mariés par la famille.

Si la pratique des mariages arrangés a diminué de moitié parmi les femmes algériennes entre celles arrivées mariées et celles arrivées enfants, elle reste supérieure à ce que l'on observe parmi les femmes venues célibataires à l'âge adulte : il s'agit là d'une immigration, certes peu fréquente, mais en moyenne plus affranchie de la tutelle de la famille restée en Algérie. Au contraire, la tutelle des familles s'est exercée plus fortement sur les hommes venus célibataires, généra-

TABLEAU XII. — PROPORTION DE MARIAGES ARRANGÉS (%)
IMMIGRÉS D'ALGÉRIE ET DU MAROC
Champ : premiers mariages

	Toutes entrées	Entrés mariés	Entrés avant 16 ans
Algérie			
Hommes	42	57	35
Femmes	59	70	34
Maroc			
Hommes	40	56	11
Femmes	53	67	15

lement pour travailler en France, la migration résultant alors plus souvent d'une décision collégiale.

L'absence de consentement se retrouve surtout parmi les femmes, et notamment celles venues d'Algérie : dans la proportion d'un tiers des mariages arrangés, que ce soit parmi celles venues en France dans leur enfance ou celles qui sont venues déjà mariées. Au total, parmi ces dernières, une femme sur quatre déclare avoir été mariée contre son gré, contre une sur dix parmi les premières.

Les mariages arrangés par les parents contre le gré de leur fils sont assez rares, aussi bien pour les originaires d'Algérie que du Maroc. Cependant, ils se sont révélés extrêmement fragiles : plus de la moitié de ces mariages célébrés avant 1983 ont été rompus dans les dix années qui ont suivi (la plupart très rapidement) contre 10 % seulement des mariages arrangés avec le consentement des intéressés.

L'immigration en France s'est donc accompagnée d'un relâchement du contrôle direct des mariages par la famille, relativement à la situation qui prévaut en Algérie et au Maroc : moins de mariages arrangés et, on l'a vu, moins de mariages préférentiels dans la parenté. Cependant, les mariages arrangés restent trois fois plus fréquents dans les familles venues d'Algérie que dans celles du Maroc : il est vrai qu'en raison du décalage des courants migratoires, les mariages des jeunes ayant quitté l'Algérie dans leur enfance sont en moyenne plus anciens.

Recul moins important du contrôle direct des mariages par les familles venues de Turquie

Si la proportion des mariages arrangés en Turquie semble moins forte que celle caractérisant les pays du Maghreb (cf. tableau XIII), celle-ci reste importante parmi les migrants célibataires venus encore enfants et notamment les femmes (42 %). Comme dans le cas de l'Algérie, les femmes arrivées célibataires à l'âge adulte échappent au schéma classique de la migration féminine mariée rejoignant un époux en France et sont moins soumises à la tutelle de leur famille : elles sont deux fois moins nombreuses que leurs cadettes à avoir épousé un homme choisi par la famille.

TABLEAU XIII. — PROPORTION DE MARIAGES
ARRANGÉS (%)
IMMIGRÉS DE TURQUIE

	Toutes entrées	Entrés mariés	Entrés avant 16 ans
Hommes	39	46	34
Femmes	52	56	42

3

Place des unions mixtes dans les modèles familiaux

Le choix du conjoint est un élément clé d'appréciation du processus d'assimilation des populations immigrées et d'origine étrangère résidant en France. La proportion d'unions mixtes constitue donc un indicateur précieux, mais, pour en faire un outil efficace, l'union mixte doit être définie correctement et étudiée sur un champ bien précis.

1) Les données disponibles jusque-là n'ont pas permis d'aller au-delà de la nationalité des conjoints, sans possibilité de distinguer l'origine ethnique (au sens : nés dans un pays X ou en France de deux parents nés eux-mêmes en X). Nous pouvons en tenir compte grâce aux données de l'enquête et nous appellerons donc mixtes les seules unions conclues avec un Français de souche, c'est-à-dire une personne née en France de deux parents nés en France.

2) La proportion d'unions mixtes va dépendre de l'état matrimonial à l'entrée : phénomène marginal parmi les entrants mariés, la mixité prend tout son sens chez les entrants célibataires. Suivant la valeur de la proportion de migrants mariés, l'écart entre la proportion globale d'unions mixtes et celle des entrants célibataires est plus ou moins importante : elle est en général très forte chez les femmes, dont la migration est plus souvent induite par la migration masculine ; elle est également importante chez les hommes venus de Turquie, en raison de la dominance de migrants mariés. Pour l'étude du processus d'assimilation, il faut se limiter aux entrants célibataires.

La question des unions mixtes revêt une importance particulière pour les enfants d'immigrés nés ou élevés, au moins en partie, en France, car elle permet de tester, au-delà d'une intervention directe dans le choix du conjoint, l'emprise des familles. La conservation de prérogatives importantes par ces dernières, pour certains courants migratoires, dans le choix du conjoint de leurs enfants ne donne pas à tous les courants la même ouverture potentielle aux unions mixtes, même si l'intervention directe des familles faiblit en situation d'immigration. La comparaison des degrés de mixité des unions entre les différents pays d'origine est donc peu instructive. L'évolution de la mixité au fil des générations (migrants adultes, migrants venus dans leur enfance, jeunes d'origine étrangère) semble mieux adaptée. Celle-ci doit donc être replacée dans le contexte socio-culturel propre à chaque groupe d'immigrés. L'absence d'un nombre suffisant de jeunes élevés en France en âge de contracter une union parmi les immigrés d'Afrique noire rend la question des unions mixtes parmi les jeunes élevés en France quelque peu prématurée pour ce courant le plus récent.

Les attentes en matière de connaissance portent essentiellement, on ne doit pas se le cacher, sur les jeunes de culture musulmane et, principalement, les jeunes élevés dans les familles immigrées d'Algérie qui sont les plus nombreux à avoir atteint l'âge de mener une vie de couple. Néanmoins, sans nous dérober à cette interrogation, il nous faut d'abord caractériser le courant espagnol, le plus ancien, dont les pratiques matrimoniales témoignent d'une forte assimilation, et le courant portugais plus récent, en voie d'assimilation. Leur origine européenne les place dans un contexte culturel plus proche de la France, où la mise en couple ressort plus d'une décision individuelle que familiale.

Courants espagnol et portugais : assimilation accomplie ou en cours

Les mélanges de populations induits par la formation des couples sont généralement assez faibles parmi les migrants venus en France comme adultes. La progression de l'assimilation au fil du temps suppose que ces mélanges soient plus nombreux parmi les jeunes nés en France ou qui y ont été élevés, au moins en partie. Ce phénomène s'observe dans les populations originaires d'Espagne et du Portugal, mais avec un certain contraste (tableau XIV).

Progression des unions mixtes au fil des générations

Les unions mixtes sont plus importantes parmi les migrants enfants (venus avant l'âge de 16 ans) que parmi les migrants adultes. La progression est spectaculaire dans le courant espagnol, puisqu'elle passe de 18 % à 58 % chez les hommes et de 25 % à 65 % chez les femmes. Pour les jeunes d'origine espagnole nés en France, deux tiers des unions sont mixtes. Les unions conclues avec un immigré, très largement majoritaires parmi les migrants adultes, sont au contraire peu nombreuses parmi les migrants enfants et les jeunes nés en France. C'est également parmi ces derniers que les unions avec une personne de même origine née en France sont les plus fréquentes (tableau XIV). La prise en compte des seules unions légales ne change pas grand-chose pour le courant espagnol.

La croissance des unions mixtes est continue pour les

TABLEAU XIV. — ORIGINE DU CONJOINT DES IMMIGRÉS
ET DES JEUNES D'ORIGINE ÉTRANGÈRE (%)
ESPAGNE-PORTUGAL
Champ : premières unions

	ORIGINE DU CONJOINT		
	Français de souche	*Immigré*	*Né en France de parent(s) immigré(s)*
ESPAGNE			
Hommes			
Arrivés après l'âge de 15 ans	18	70	12
Arrivés avant l'âge de 16 ans	58	20	22
Nés en France de deux parents nés en Espagne	66	9	25
Femmes			
Arrivées après l'âge de 15 ans	25	59	16
Arrivées avant l'âge de 16 ans	65	22	13
Nées en France de deux parents nés en Espagne	65	14	21
PORTUGAL			
Hommes			
Arrivés après l'âge de 15 ans	15	82	3
Arrivés avant l'âge de 16 ans	40	46	14
Nés en France de 2 parents nés au Portugal	59	13	28
Femmes			
Arrivées après l'âge de 15 ans	6	93	1
Arrivées avant l'âge de 16 ans	31	61	8
Nées en France de 2 parents nés au Portugal	47	36	17

migrants portugais, lorsqu'on passe des migrants adultes aux migrants enfants, puis aux jeunes nés en France, mais le niveau atteint est plus important pour les hommes que pour les femmes : respectivement 59 % et 47 %. La mixité parmi les hommes nés en France est ainsi voisine de celles des jeunes d'origine espagnole. Les femmes d'origine portugaise sont au contraire moins souvent engagées dans ce type d'union, et encore un peu plus d'un tiers ont contracté une union avec un homme immigré.

Relativement à l'ensemble des unions, la proportion d'unions mixtes dans les premiers mariages est abaissée dans le courant portugais en raison de la mixité plus grande des unions libres : 80 % des hommes célibataires nés au Portugal vivant en couple ont un conjoint français de souche. Les jeunes femmes d'origine portugaise sont encore nombreuses à contracter un premier mariage avec un homme né au Portugal (43 %).

Les jeunes âgés de 20-29 ans, d'origine espagnole ou portugaise, ne vivent pas tous en couple ; un certain nombre d'entre eux ont un(e) petit(e) ami(e) (partenaire amoureux sans cohabitation). Ce type de relation amoureuse le plus informel aboutit finalement à un choix voisin de celui du conjoint : les partenaires français de souche y sont aussi nombreux (tableau XV). Lorsque ces jeunes d'origine

TABLEAU XV. — ORIGINE DU (DE LA) PETIT(E) AMI(E)
DES JEUNES D'ORIGINE ESPAGNOLE OU PORTUGAISE
ÂGÉS DE 20-29 ANS (%)

	ORIGINE DU (DE LA) PETIT(E) AMI(E)		
	Français de souche	*Immigré*	*Né en France de parent(s) immigré(s)*
ESPAGNE			
Deux parents nés en Espagne			
Hommes	67	8	25
Femmes	60	14	26
Un seul parent né en Espagne			
Hommes	84	4	12
Femmes	76	3	21
PORTUGAL			
Deux parents nés au Portugal			
Hommes	65	13	22
Femmes	43	29	28
Un seul parent né au Portugal			
Hommes et femmes	79	12	9

étrangère ont un seul de leurs parents né en France, le choix se porte encore plus massivement sur un partenaire français de souche (autour de 80 %). L'union mixte est donc porteuse d'une forte acculturation puisque les enfants nés de ces unions choisissent presque toujours un conjoint français de souche.

Ainsi, dans les courants espagnol et portugais, la mixité dans les rapports amoureux participe activement à l'assimilation, mais à des niveaux assez différents, les femmes d'origine portugaise restant notamment en retrait.

Les unions ne sont cependant pas entièrement déterminées par la volonté des acteurs, un élément important résidant dans les cercles de relations fortement conditionnés par les concentrations géographiques variables suivant l'origine ethnique.

La localisation très dispersée des familles immigrées d'Espagne joue en faveur de mélanges importants de population : 14 % seulement habitent dans un quartier à forte concentration immigrée[1]. Les originaires du Portugal habitent un peu plus souvent des quartiers à plus forte concentration (27 %). La plupart des autres groupes vivent, au contraire, dans des lieux de forte concentration.

Mode de mise en couple : on commence plus souvent par une union libre lorsque le conjoint est français de souche, sauf les femmes venues d'Espagne

La première expérience de la vie en couple correspond majoritairement à celle d'un premier mariage, même si l'union libre est généralement un peu plus fréquente lorsque le premier conjoint rencontré est français de souche : ainsi, environ 15 % des hommes nés au Portugal ou en Espagne ont expérimenté la vie conjugale par l'union libre lorsque leur conjoint est immigré, contre plus de 40 % lorsqu'il est français de souche. Les femmes venues d'Espagne échappent cependant à ce schéma et ont presque toutes commencé leur vie en couple par un mariage (dans 80 % des cas), quelle que soit l'origine du conjoint.

---

1. Dernier quartile de la répartition des quartiers par concentration en population habitant dans des ménages à chef immigré, correspondant à une proportion égale ou supérieure à 34 %.

Lorsque l'union libre est la première expérience de la vie à deux, elle a abouti dans une majorité des cas à une légalisation : un peu plus souvent lorsque le conjoint est français de souche.

L'importance de la *cohabitation*[2] comme mariage à l'essai peut être mise en évidence par la proportion de premiers mariages précédés d'une cohabitation. Les femmes venues d'Espagne ont à peu près aussi peu souvent cohabité avant de se marier que l'ensemble des femmes en France (un peu moins de 20 %), quelle que soit l'origine de leur conjoint. Pour les hommes nés en Espagne et l'ensemble des immigrés venus du Portugal, la cohabitation avant mariage a été encore plus rare lorsque l'épouse est elle-même immigrée. Elle a été, au contraire, assez fréquente en cas de mariage mixte, surtout parmi les migrants portugais des deux sexes : un peu moins de la moitié. Le mariage à l'essai est, dans ce cas, plus pratiqué qu'il ne l'est en moyenne en France (tableau XVI).

TABLEAU XVI. — PROPORTION DE PREMIERS MARIAGES
D'IMMIGRÉS PRÉCÉDÉS D'UNE COHABITATION
SUIVANT L'ORIGINE DU CONJOINT
ESPAGNE-PORTUGAL

	Hommes	*Femmes*
ESPAGNE		
Conjoint immigré	9	19
Conjoint français de souche	33	17
PORTUGAL		
Conjoint immigré	11	13
Conjoint français de souche	47	45
FRANCE ENTIÈRE	28	19

2. La cohabitation désigne la vie commune sans mariage.

Fragilité différentielle des unions suivant le type d'union :
l'anomalie portugaise

Si, globalement, les premières unions ne sont pas plus
fragiles parmi les immigrés entrés célibataires d'Espagne ou
du Portugal qu'elles ne le sont en France, la situation est
un peu plus contrastée lorsqu'on fait intervenir l'origine du
conjoint. Les unions mixtes conclues par les hommes venus
d'Espagne ont été plus fragiles que celles entre immigrés :
16 % des unions contractées avant 1983 ont été rompues
dans un cas contre 2 % seulement dans l'autre. La situation
est moins contrastée chez les femmes et plutôt inverse.

Au contraire, les hommes venus du Portugal ont
contracté des unions assez stables (5 % de ruptures en dix
ans), contrairement aux femmes qui ont souvent vu leur
union rompue lorsqu'elles étaient avec un Français de souche (21 % contre 8 % lorsque le conjoint était immigré en
dix ans). L'examen *non plus des premières unions, mais des
premiers mariages*, ne change guère ces conclusions. La singularité des femmes venues du Portugal pourrait s'expliquer par le caractère matriarcal de la culture portugaise et
la toute-puissance de la femme dans la sphère familiale, qui
serait mal tolérée par les hommes français[3].

*Les unions mixtes se rencontrent dans des catégories sociales
en moyenne un peu plus élevées et un peu mieux scolarisées*

C'est un résultat général pour tous les courants migratoires. Dans le cas des migrants espagnols ou portugais, les
unions mixtes sélectionnent des hommes immigrés appartenant en moyenne un peu plus souvent aux catégories
sociales moyennes et supérieures (tableau XVII), mais
cependant inférieures aux catégories des conjoints potentiels en France. C'est particulièrement net pour les Françaises de souche vivant avec un migrant portugais : près de

---

3. E. TODD, *L'Invention de l'Europe*, Le Seuil, Paris, 1990.

70 % des hommes sont ouvriers contre 41 % seulement de la moyenne des hommes en France.

TABLEAU XVII. — CATÉGORIE SOCIOPROFESSIONNELLE DES HOMMES IMMIGRÉS SUIVANT L'ORIGINE DE LEUR CONJOINT (%) ESPAGNE-PORTUGAL

	ORIGINE DE LA FEMME	
	Immigrée	*Française de souche*
ESPAGNE		
Catégorie moyennes et supérieures	7	15
Indépendant, employeur	9	15
Contremaître, technicien d'atelier	9	9
Employé, catégories C et D de la fonction publique	5	8
Ouvriers	70	53
Total	*100*	*100*
PORTUGAL		
Catégories moyennes et supérieures	4	8
Indépendant, employeur	7	12
Contremaître, technicien d'atelier	5	6
Employé, catégories C et D de la fonction publique	3	6
Ouvriers	81	68
Total	*100*	*100*

La sélection sociale semble plus forte lorsque, dans l'union mixte, c'est la femme qui est originaire d'Espagne ou du Portugal : pour les premières, la proportion d'ouvriers est équivalente à la moyenne nationale ; pour les secondes, l'extraction des conjoints reste encore plus populaire (56 % d'ouvriers).

Pour ces deux courants, on n'observe pas une sélection sociale telle que les unions mixtes concerneraient surtout les classes moyennes et supérieures, résultat tout à fait cohérent avec l'idée d'une forte extension des unions mixtes. Plus les unions mixtes sont fréquentes, plus elles s'étendent nécessairement à l'ensemble des classes sociales, en vertu notamment du principe d'homogamie sociale entre conjoints qui régit les unions mixtes comme la plupart des unions.

L'examen des niveaux scolaires des hommes et des femmes immigrés suivant le type de conjoint montre bien le niveau scolaire nettement plus élevé de ceux dont le conjoint est français de souche. Ils ont ainsi poursuivi un peu plus souvent leurs études au-delà de 14 ans : par exemple, 71 % des hommes nés en Espagne vivant en union mixte contre 31 % de ceux vivant avec une immigrée. Cependant, les immigrés ayant fait des études supérieures sont extrêmement rares, même lorsque le conjoint est Français de souche (un peu plus de 10 % seulement ont quitté l'école après 19 ans).

Les femmes et le monde du travail : l'activité des femmes est largement répandue, quel que soit le type d'union

Les femmes immigrées d'Espagne et plus encore du Portugal sont très fortement implantées sur le marché du travail en France : elles sont originaires de pays où le travail des femmes ne souffre d'aucune prohibition et sont souvent venues en France pour y travailler. D'ailleurs, très rares sont celles qui n'ont aucune expérience professionnelle, même si la proportion de femmes immigrées n'ayant jamais travaillé semble un peu plus élevée lorsque le couple est homogame[4] (13 % ou 14 % contre 4 % à 7 %, pour les deux pays d'origine). L'union mixte ne constitue donc pas une voie d'accès privilégiée au monde du travail.

Non seulement l'union mixte est relativement banalisée, dans le cas des courants espagnol et portugais, puisqu'elle touche largement les couches populaires, mais elle ne

---

4. Ces différences sont minimes, comparativement aux courants maghrébin ou turc, comme nous le verrons par la suite, et peuvent aussi bien refléter des effets de génération, les couples mixtes étant en moyenne un peu plus jeunes.

saurait représenter une forme d'accès à la modernité et d'émancipation des femmes, l'activité féminine étant générale.

Courant algérien : entre tradition et modernité

Même si les pratiques traditionnelles ont perdu de leur vigueur en situation d'immigration — moins de mariages entre cousins et moins de mariages arrangés directement par les familles —, celles-ci gardent une influence encore importante dans le choix du conjoint des enfants, des filles surtout, comme en témoigne la part encore faible des unions, mais surtout des mariages mixtes parmi elles. L'analyse des lieux de rencontre des partenaires amoureux des jeunes nés en France met en évidence ce poids encore important des familles dans le choix d'un conjoint. Cependant, les jeunes d'origine algérienne développent une certaine résistance au modèle traditionnel du couple. Elle se manifeste par une inhibition de leur vie amoureuse et un retard important dans la mise en couple que leur situation sociale assez difficile a tendance à renforcer. Cependant, comme nous le verrons, les unions mixtes ne sont pas négligeables compte tenu de leur forte signification transgressive au niveau culturel. Par ailleurs, le conflit avec l'Algérie est encore trop présent, de part et d'autre, pour que les mariages entre les deux « camps » soient faciles.

Des unions mixtes moins fréquentes chez les femmes que chez les hommes : contrainte familiale et intégration du modèle traditionnel

L'ensemble des premières unions[5], légales ou non, montre une forte dissymétrie entre hommes et femmes, plus dans le niveau atteint que dans l'évolution. La croissance

---

5. L'analyse des unions actuelles ne donne pas des résultats sensiblement dif-

importante des unions, lorsqu'on passe des migrants célibataires entrés en France après l'âge de quinze ans aux
jeunes nés en France d'origine algérienne, aboutit cependant à une proportion d'unions mixtes de 50 % chez les
hommes et de 24 % chez les femmes, soit deux fois moins.
La part d'unions entre jeunes d'origine algérienne est voisine de 30 %. Les unions avec un conjoint immigré ont
régressé, mais concernent encore près de la moitié de jeunes
femmes d'origine algérienne (tableau XVIII).

TABLEAU XVIII. — ORIGINE DU CONJOINT DES IMMIGRÉS
D'ALGÉRIE ET DES JEUNES D'ORIGINE ALGÉRIENNE
SUIVANT QU'IL S'AGIT D'UNE PREMIÈRE UNION
OU D'UN PREMIER MARIAGE (%)

	ORIGINE DU CONJOINT		
	Français de souche	*Immigré*	*Né en France de parent(s) immigré(s)*
HOMMES			
Premiers mariages			
Arrivés après l'âge de 15 ans	15	78	7
Arrivés avant l'âge de 16 ans	17	60	23
Premières unions			
Arrivés après l'âge de 15 ans	20	73	7
Arrivés avant l'âge de 16 ans	25	54	21
Nés en France de deux parents nés en Algérie	50	17	33
FEMMES			
Premiers mariages			
Arrivées après l'âge de 15 ans	9	87	4
Arrivées avant l'âge de 16 ans	9	89	2
Nées en France de deux parents nés en Algérie	15	54	31
Premières unions			
Arrivées après l'âge de 15 ans	10	85	5
Arrivées avant l'âge de 16 ans	14	77	9
Nées en France de deux parents nés en Algérie	24	47	29

férents. Notons cependant que la proportion d'unions mixtes chez les jeunes
femmes venues d'Algérie avant l'âge de seize ans est de 20 % dans les unions
actuelles et donc un peu supérieure à celle observée dans les premières unions
(14 %).

C'est néanmoins au niveau des unions légales que la pression des familles est la mieux à même de s'exprimer. La proportion de mariages mixtes parmi les garçons venus dans leur enfance n'est encore que de 17 %, soit un niveau voisin de celui des migrants adultes (15 %). Les mariages de jeunes hommes d'origine algérienne sont encore peu nombreux, mais une estimation de l'ordre de 30 % à 40 % est vraisemblable. Pour les jeunes femmes, la restriction aux mariages fait encore baisser le niveau de mixité : 9 % seulement parmi les femmes immigrées venues dans leur enfance (soit aussi peu que chez les migrantes adultes) et 15 % chez les jeunes femmes d'origine algérienne. Pour ces dernières, les mariages avec un immigré dominent (54 %). Le déséquilibre du marché matrimonial ethnique[6] à l'« avantage » des femmes (elles sont moins nombreuses en France que les hommes) rend ces dernières beaucoup plus captives de ce marché que les hommes. La politique migratoire actuelle n'autorisant pas l'immigration de main-d'œuvre renforce cette captation (cf. chapitre introductif). S'y ajoute l'interdit plus grand du mariage avec un non-musulman qui, pour des raisons religieuses et historiques, touche plus spécifiquement les femmes.

Aux stratégies individuelles et familiales s'ajoute le facteur de localisation géographique en France qui reflète aussi la politique française de l'habitat sur laquelle les acteurs n'ont guère de prise. Suivant que les familles habitent ou non un quartier à forte concentration en population immigrée, le cercle de relations s'en trouve potentiellement modifié. Les migrants algériens sont nombreux à vivre dans des quartiers à forte concentration (44 %, à comparer aux 14 % des migrants espagnols), ce qui n'est pas de nature à favoriser une forte extension des unions mixtes.

La comparaison avec le type de choix opéré pour le petit ami par ceux qui ont une relation amoureuse plus infor-

---

6. Composé des personnes nées en Algérie ou nées en France de parents eux-mêmes nés en Algérie.

melle permet d'apprécier le degré de « contrainte familiale » qui participe à la formation des unions. La moitié des garçons d'origine algérienne ont une petite amie française de souche, proportion identique à celle observée dans les couples (tableau XIX). La fréquentation de jeunes filles immigrées est rarissime. On peut donc penser que la fréquence d'une union sur deux représente le niveau de mixité maximal compatible avec l'état actuel de la pression sociale et des contraintes de localisation.

TABLEAU XIX. — ORIGINE DU (DE LA) PETIT(E) AMI(E)
DES JEUNES D'ORIGINE ALGÉRIENNE (%)

	ORIGINE DU (DE LA) PETIT(E) AMI(E)		
	Français de souche	*Immigré*	*Né en France de parent(s) immigré(s)*
HOMMES			
Nés en France de deux parents nés en Algérie	50	12	38
Nés en France d'un seul parent né en Algérie	69	7	24
FEMMES			
Nées en France de deux parents nés en Algérie	32	36	32
Nées en France d'un seul parent né en Algérie	63	20	17

Relativement à celles qui vivent en couple, les filles fréquentent un peu plus souvent un Français de souche (environ un tiers), mais la proportion de petits amis immigrés reste élevée (36 %). Les schémas traditionnels modulent donc encore la conduite des jeunes filles d'origine algérienne, puisque leur choix amoureux se porte encore très majoritairement sur des jeunes gens de même origine ethnique, en dehors de toute intervention des familles. Cependant, le degré de liberté se révèle nettement plus grand, le choix en dehors du groupe d'origine étant deux fois plus important dans le cas d'une relation amoureuse très informelle que dans le cas d'un mariage. Cet écart donne une idée de la pression familiale qui préside au mariage des filles.

Lorsqu'on analyse les lieux où les jeunes d'origine algérienne ont rencontré leur petit(e) ami(e), on constate d'ailleurs que la famille et la parenté jouent un rôle mineur dans ces rencontres (3 % seulement), celles-ci échappant aux familles qui généralement les réprouvent. Ces lieux diffèrent peu de ceux où ces jeunes rencontrent un conjoint français de souche (lieu public, chez des amis personnels, dans le quartier, à l'école), l'école étant un endroit un peu plus propice en raison de leur âge, en moyenne, plus jeune. Les jeunes d'origine algérienne dont le conjoint est de même origine ethnique l'ont plus souvent rencontré dans la sphère familiale (35 %). Les effectifs ne nous permettent pas de détailler suivant le sexe, mais il est clair que cette moyenne cache un pourcentage encore plus important pour les filles qui font l'objet d'une plus grande surveillance.

Ce constat doit être nuancé par l'examen de la situation des jeunes, dont relativement peu vivent en couple.

Inhibition de la vie amoureuse et retard dans la vie en couple : une forme de résistance au modèle traditionnel

La nuptialité des jeunes d'origine algérienne a pris un retard important : 20 % seulement des jeunes gens âgés de 25-29 ans ne sont plus célibataires contre 35 % en moyenne en France au même âge. Un retard caractérise aussi la nuptialité des jeunes filles d'origine algérienne, puisque 38 % seulement sont déjà mariées à 25-29 ans contre 48 % pour la moyenne nationale française. Et pourtant, la nuptialité en France est déjà réputée tardive. Ce phénomène n'est pas compensé par une vie amoureuse non institutionalisée plus importante. A 20-24 ans, si les jeunes gens d'origine algérienne sont engagés dans une relation amoureuse à peu près comme la moyenne des jeunes en France, celle-ci se concrétise moins souvent par une mise en couple. A 25-29 ans, le fossé se creuse : les jeunes d'origine algérienne ont beaucoup moins souvent un partenaire amoureux (54 % contre 74 %) et ont moins souvent franchi l'étape de la vie en couple (29 % contre 55 %). La situation des jeunes femmes n'est guère plus brillante et accuse un retard général à tout âge : 30 % seulement des jeunes femmes âgées de 20-24 ans ont un partenaire amoureux contre 43 % en moyenne en France, décalage imputable à un retard à la mise en couple. Les jeunes femmes de cinq ans leurs aînées connaissent une situation voisine de celle des garçons, avec un peu plus de couples cependant, mais très nettement moins que la moyenne des jeunes femmes en France : 38 % contre 65 %. Pour mémoire, il faut savoir qu'à cet âge près de 80 % des jeunes femmes d'origine espagnole ou portugaise ont un partenaire amoureux.

Certes, la situation sociale de ces jeunes est difficile puisque, comme nous le verrons dans le septième chapitre, ils connaissent un taux de chômage particulièrement élevé. Néanmoins, elle n'explique pas à elle seule une certaine inhibition de la vie amoureuse et un retard dans la constitution des unions, notamment chez les filles, pour lesquelles fonder un foyer n'est pas aussi strictement lié à la possession d'un emploi que pour les garçons. Ces comportements correspondent à des stratégies de fuite et non de contestation face aux prérogatives importantes que les parents cherchent à conserver sur les unions de leurs enfants.

Mode de mise en couple : la cohabitation en cas d'union mixte

La première expérience de la vie à deux se fait plutôt par le mariage lorsque le conjoint est né en Algérie et, au contraire, par la cohabitation lorsqu'il est français de souche. La plupart des premières unions libres qu'ont connues les immigrés d'Algérie ne sont toujours pas légalisées après cinq ans de vie commune et d'autant moins que le conjoint est français de souche. Cette absence de légalisation est encore plus marquée pour les femmes venues célibataires d'Algérie sans s'être soldée pour autant par une séparation.

Si la cohabitation peut constituer un mode de vie en couple durable des immigrés ayant contracté une union mixte, les femmes notamment, elle constitue également le passage obligé conduisant ensuite au mariage : deux tiers des hommes et trois quarts des femmes. Les premiers mariages entre immigrés précédés d'une période d'union libre sont au contraire très rares (10 % chez les hommes et 15 % chez les femmes).

De manière générale, l'union libre apparaît donc comme une forme privilégiée de développement des unions mixtes, soit parce qu'elles s'inscrivent dans une logique de modernité qui la rend plus naturelle, soit encore parce qu'elles constituent un compromis acceptable évitant la publicité d'un mariage socialement désapprouvé.

Forte sélection sociale par l'union mixte surtout chez les femmes immigrées

La relative rareté des unions mixtes ne permet pas d'analyser, comme on le souhaiterait, les catégories sociales dans lesquelles elles se produisent de manière privilégiée. Cependant, l'information est exploitable pour les migrants célibataires algériens, et pour les femmes migrantes à condition de regrouper celles originaires d'Algérie et du Maroc.

Les hommes nés en Algérie venus célibataires et vivant avec une Française de souche sont un peu moins souvent ouvriers que ceux qui vivent avec un conjoint de même origine ethnique, mais un peu moins seulement. Ce faible écart contraste avec la situation qui prévaut parmi les femmes (du Maroc et d'Algérie), certes pour la plupart entrées dans leur enfance, la migration féminine adulte de femmes non mariées étant plutôt rare. Leur conjoint appartient une fois sur deux aux classes moyennes et supérieures et les ouvriers ne représentent plus qu'un quart (tableau XX). Si les femmes françaises de souche ont contracté une union avec un homme né en Algérie très en dessous de l'offre potentielle moyenne en France, les unions mixtes où la femme est née en Algérie ont sélectionné des hommes dans les catégories sociales les plus élevées. Ces femmes elles-mêmes ont un bagage scolaire important qui contraste beaucoup avec celui, généralement très faible, des femmes d'immigrés : 41 % des premières

TABLEAU XX. — CATÉGORIE SOCIOPROFESSIONNELLE
DES HOMMES NÉS EN ALGÉRIE SUIVANT L'ORIGINE
DE LEUR CONJOINT, DES HOMMES EN MOYENNE EN FRANCE
ET DES HOMMES CONJOINTS D'UNE FEMME NÉE AU MAROC
OU EN ALGÉRIE (%)

	ORIGINE DE LA FEMME	
	Immigrée	*Française de souche*
HOMMES NÉS EN ALGÉRIE Catégories moyennes et supérieures	5	13
Indépendant, employeur	7	13
Contremaître, technicien d'atelier	4	0
Employé, catégories C et D de la fonction publique	7	9
Ouvriers	77	65
Total	*100*	*100*
	Total	*Conjoint français de souche d'une femme née au Maroc ou en Algérie*
HOMMES NÉS EN FRANCE Catégories moyennes et supérieures	30	50
Indépendant, employeur	15	10
Contremaître, technicien d'atelier	5	5
Employé, catégories C et D de la fonction publique	9	10
Ouvriers	41	25
Total	*100*	*100*

ont terminé leurs études après 20 ans, proportion qui équivaut à celle de non-scolarisées chez les secondes. Les unions mixtes qui transgressent un interdit de l'islam nécessitent une autonomie que les études permettent d'acquérir. Par ailleurs, il n'est pas impossible que la position sociale élevée du conjoint facilite l'acceptation par la famille, qui dérogerait plus facilement à la règle du mariage obligatoire avec un musulman lorsque le futur époux représente un « beau parti ».

Union mixte et émancipation

L'activité des femmes est un phénomène largement culturel. Dans certains pays, et notamment musulmans, où la femme est traditionnellement cantonnée dans la sphère familiale, l'accès des femmes au marché du travail est limité. C'est le cas de l'Algérie.

Les hommes nés en Algérie dont la conjointe est française de souche se sont plutôt conformés au modèle occidental et leurs femmes travaillent ou ont travaillé : la proportion de celles n'ayant jamais travaillé est de 10 %, niveau équivalent à celui observé en moyenne en France. Au contraire, pour les deux tiers des hommes ayant une femme immigrée, celle-ci n'a pas fait l'expérience du monde du travail. S'ils sont ouvriers, leur appartenance sociale renforce le facteur culturel : près des trois quarts des femmes n'ont jamais travaillé.

Au contraire, les femmes nées en Algérie ou au Maroc vivant en union mixte, réunies ici pour des questions d'effectifs, travaillent ou ont travaillé, pour 85 % d'entre elles. L'union mixte est donc bien facteur d'émancipation et de modernité. Cependant, cette émancipation est déjà dans les faits pour les jeunes femmes nées en France qui, lorsqu'elles ont terminé leurs études, travaillent ou cherchent un emploi.

Par l'union mixte, les femmes choisissent la modernité
et les hommes s'y confrontent

Pour les hommes comme pour les femmes nés en Algérie et arrivés célibataires en France, les unions les plus fragiles sont celles conclues avec une personne née en France d'origine algérienne. Ainsi, plus de 50 % des premières unions datant d'avant 1983 ont été rompues en dix ans, et la plupart rapidement. Cette fréquence des ruptures est à comparer aux 12 % à 15 % observés en moyenne en France. La prise en compte des unions plus récentes confirme ce phénomène. Cette fragilité extrême tient probablement au malentendu sur lequel elles se sont construites, malentendu né d'une fausse proximité culturelle. Les jeunes d'origine algérienne sont très fortement acculturés et probablement plus éloignés qu'ils ne le croient des Algériens d'Algérie. Ce phénomène touche toutefois essentiellement les unions libres.

Une grande asymétrie suivant le sexe caractérise la fragilité différentielle entre couples d'immigrés et couples mixtes. Les hommes venus célibataires en France dont la conjointe est immigrée forment des couples relativement stables où, en tout cas, les ruptures ne sont guère plus fréquentes que la moyenne nationale en France (14 % de ruptures en dix ans). Les couples qu'ils ont formés avec une Française de souche ont, au contraire, été plus fragiles : 30 % de ruptures en dix ans, contre 12 % en moyenne en France. La situation est inversée pour les femmes, les ruptures atteignant un niveau moyen lorsque le conjoint est immigré, mais très faible lorsqu'il est français de souche.

L'ensemble des premières unions n'a pas toujours un statut identique, notamment en raison de la cohabitation plus fréquente en cas d'union mixte. Qu'en est-il des premiers mariages ? La situation ne s'en trouve pas fondamentalement changée : les mariages mixtes où la femme est originaire d'Algérie sont d'une extraordinaire stabilité (pratiquement pas de ruptures en dix ans), et ceux avec un homme né en Algérie très fragiles : près de deux fois plus de ruptures en dix ans que dans la moyenne en France.

Ainsi, hommes et femmes immigrés se trouvent dans une situation inégale dans leur rapport à la modernité. La culture musulmane, cantonnant la femme dans la sphère domestique, ne prépare guère les hommes à accepter de bon cœur la liberté conquise par les femmes occidentales. L'union mixte représente, pour eux, une véritable confrontation à la modernité et s'en trouve fragilisée. Au contraire, l'interdit que les femmes doivent franchir pour s'engager dans une union mixte traduit une prise de liberté par rapport aux normes familiales et culturelles sur la place des femmes dans la famille et la société. L'union mixte répond alors à une aspiration à la modernité. Les femmes qui s'y engagent sont alors contraintes au succès puisqu'elles ont tourné le dos à un monde vers lequel elles ne peuvent revenir.

Appartenance ethnique et pratiques matrimoniales : pas de grandes différences entre Kabyles et Arabes

Le mythe kabyle forgé par les Français lors de la colonisation de l'Algérie, faisant du Kabyle « l'Auvergnat de l'Afrique[7] », et le parant de toutes les qualités d'adaptation qui feraient défaut à l'Arabe, ne résiste guère à l'analyse. Les pratiques matrimoniales, élément déterminant de l'organisation des sociétés, ne diffèrent guère d'une ethnie à l'autre : les mariages préférentiels y sont pratiqués dans une proportion voisine et l'union avec les Français(es) de souche n'est pas plus fréquente chez les Kabyles.

---

7. A. SAYAD, *op. cit.*

Autres modèles familiaux en situation d'immigration

Le modèle matrimonial qui caractérise les migrants marocains est voisin de celui décrit pour ceux d'Algérie. Cependant, on peut relever quelques écarts par rapport à ce qui précède.

Les unions dans le courant marocain : ce qui le distingue du courant algérien

La progression des unions mixtes lorsque l'âge d'entrée diminue ne s'observe que chez les hommes et le niveau de mixité atteint parmi les migrants venus dans leur enfance est supérieur à celui caractérisant ceux d'Algérie (40 % pour tous les types d'unions et 26 % des mariages contre respectivement 25 % et 17 %). La sélection sociale qui accompagne le choix d'une compagne française de souche est beaucoup plus forte : la proportion d'hommes ouvriers passe ainsi de 38 % à 77 % selon que la femme est française de souche ou immigrée. Dans le premier cas, près de la moitié des migrants appartient à une catégorie moyenne ou supérieure. L'examen des niveaux scolaires va dans le même sens : 54 % des conjoints d'une française de souche ont continué leurs études au moins jusqu'à 20 ans contre 12 % seulement des conjoints d'une femme immigrée. Dans le courant marocain, l'union mixte est donc surtout le privilège des catégories sociales aisées, privilège qui ne concerne pas uniquement les femmes comme c'était le cas chez les migrants algériens. Enfin, la cohabitation, lorsque le conjoint est français de souche, occupe une place encore plus importante que dans le courant algérien, tant comme première expérience de la vie à deux que comme mariage à l'essai.

Fermeture de la communauté turque : les mariages mixtes restent exceptionnels

Les hommes venus en France à l'âge adulte ont contracté une union avec une Française de souche dans une proportion peu différente des autres migrants (16 %), les femmes un peu moins (10 %). Pour cette génération, le degré de mixité se révèle ainsi tout à fait comparable à celui caractérisant les migrants portugais. Les unions mixtes contractées par les hommes venus en France à l'âge adulte n'ont pas concerné également toutes les classes sociales : les ouvriers y sont sous-représentés au profit des classes sociales plus aisées et notamment des hommes exerçant une activité indépendante (patrons d'ateliers de couture parisiens par exemple). Elles accompagnent ainsi plus une certaine réussite sociale qu'un niveau d'éducation particulièrement élevé.

Cependant, la situation exceptionnelle des originaires de Turquie réside dans le refus des familles, pour leurs enfants, des unions en dehors du groupe. Les unions mixtes représentent quelques pour cent seulement et l'on n'observe pratiquement aucun mariage mixte : 98 % des filles mariées et arrivées en France avant l'âge de 16 ans le sont à un conjoint immigré (94 % des garçons). Dans ces familles, les alliances ne se font pas au hasard et semblent programmées sans que l'exil constitue un frein important.

Les filles n'ont guère le choix ; elles représentent un enjeu financier important pour les parents destinataires de la dot, dont le prix s'élève du fait du caractère extrêmement restrictif de la politique migratoire. En outre, l'honneur de la famille est engagé et tout refus de la jeune fille compromet le mariage des cadets et des cadettes [8]. La situation de ces jeunes filles paraît même moins favorable que celle dont jouissent les jeunes filles d'origine rurale en Turquie ! La

---

8. A. GOKALP, « Population, parenté et nouvelles pratiques matrimoniales en Turquie », *in* John PERISTIANY (sous la dir. de), *Le Prix de l'alliance en Méditerranée*, Éditions du CNRS, Paris, 1989.

presse française se fait l'écho de temps à autre d'événements tragiques survenus dans ces familles ; un procès retentissant a eu lieu récemment à la suite de l'assassinat, par sa famille, d'une jeune fille refusant de se plier à sa volonté. Cette situation d'enfermement communautaire dans laquelle se cantonnent les migrants turcs est porteuse de difficultés importantes qui vont se révéler pleinement lorsque la génération des enfants nés en France atteindra l'âge de fonder un foyer.

L'union mixte : lieu d'acculturation intense

Les unions mixtes forment un point de résistance fort et un enjeu important du processus d'assimilation parce qu'elles impliquent une acculturation extrêmement rapide. Pour expliquer la résistance à l'union mixte, il convient donc de dégager un certain nombre de conclusions fortes sur l'effet de la mixité sur les pratiques sociales. Ce faisant, nous reviendrons sur des résultats déjà énoncés et anticiperons sur des thèmes abordés plus loin.

La mixité des unions se perpétue à travers les générations : les enfants nés dans des couples mixtes auront tendance à choisir un partenaire français de souche, on l'a vu. La mixité du couple engendre une unicité de la langue parlée à la maison, une déperdition extrêmement rapide de la langue d'origine, en dehors de tout enseignement scolaire, et donc une perte importante des ancrages culturels.

Les cercles de relation des familles s'en trouvent modifiés ; leurs rapports de voisinage incluent plus de Français d'origine et ne se limitent plus aux seuls voisins de même origine ethnique.

Le désintérêt pour la religion est plus élevé dans les unions mixtes (tableau XXI). Il est bien possible que les unions mixtes se fassent surtout parmi ceux qui se sont déjà éloignés de leur religion. Les enfants nés dans ces couples mixtes auront une très faible pratique religieuse : 60 % des jeunes nés d'un couple franco-algérien n'ont aucune religion et 27 % ne pratiquent pas. Ces mêmes enfants ont massivement abandonné les pratiques culturelles musulmanes : faible pratique du ramadan, non-respect des interdits alimentaires (consommation de porc et d'alcool).

TABLEAU XXI. — PROPORTION D'IMMIGRÉS DÉCLARANT NE PAS AVOIR DE RELIGION OU NE PAS PRATIQUER, SELON QUE L'UNION EST MIXTE OU NON (%)

	Mixte	*Non mixte*
Algérie	75	44
Turquie	67	27
Sud-Est asiatique	66	48
Maroc	62	31
Portugal	60	27
Espagne	57	41
Afrique noire	39	20

4

Pratiques religieuses, l'islam en France

Le développement d'un islam intégriste dans différents pays (Iran, Égypte, Soudan, Algérie...) se retrouve au cœur du débat français sur l'immigration. La proximité historique et géographique de l'Algérie nourrit actuellement deux craintes : celle de voir déferler en France une vague de réfugiés fuyant l'islamisme et celle d'assister à la montée d'un fondamentalisme parmi les personnes originaires d'Algérie installées en France. Cette focalisation sur la question algérienne produit un amalgame entre la question de l'islam en France et celle de la crise algérienne. Cette confusion a tendance à faire croire que la population originaire d'Algérie est fortement touchée par un regain religieux et entretient l'idée d'une unicité du monde musulman en France. En témoigne un dossier récent du *Monde*[1], qui se fonde sur une enquête réalisée par l'IFOP[2] « représentative » auprès de musulmans de France et montre un

---

1. « La France et l'islam », *Le Monde*, 13 octobre 1994.
2. L'enquête a été réalisée suivant une méthodologie discutable compte tenu de l'objet, celle des quotas. Cette méthode consiste à s'assurer d'une représentativité

paradoxe étonnant : d'un côté, on rappelle le caractère fragmenté de la « communauté musulmane », mais, de l'autre, on étudie les résultats de l'enquête sans faire le moindre distinguo suivant l'origine nationale. En ne distinguant pas, on a tendance à renforcer l'amalgame Algérie-Arabe-islam, surtout lorsque l'analyse des résultats elle-même se réfère explicitement aux générations « beurs ». Notre premier souci sera donc de faire éclater cette vision homogène de l'ensemble des populations musulmanes de France.

Il est extrêmement dommage que nous ne disposions pas dans l'enquête d'une question directe et précise sur la religion (la question « Êtes-vous musulman, catholique, etc. » n'a pas été posée). Cette omission est volontaire et avait pour but de faciliter les négociations avec la CNIL (Commission informatique et liberté) visant à l'obtention de son agrément sur la procédure d'enquête. Cependant, les personnes nées en Algérie, au Maroc ou en Turquie sont très massivement de culture musumane : les ethnies majoritaires de ces pays — Arabes, Berbères, Kurdes et Turcs — le sont. Par ailleurs, le découpage ethnique de la population originaire d'Afrique noire nous permet d'isoler les groupes de population essentiellement musulmans. Nous avons ainsi les moyens de caractériser la pratique religieuse de ces différents groupes.

Même si la question de l'islam est centrale, il paraît

---

par rapport à une source établie, généralement le recensement, sur certaines variables (ici, l'âge, le sexe et la profession). Or, le recensement ne fournit pas de données sur les populations musulmanes. La source a donc elle-même été estimée à partir de données sur la nationalité ou le pays de naissance et paraît donc relativement incertaine. En outre, la répartition par nationalité ne semble pas avoir été prise en compte : or il n'est pas identique d'interroger une jeune Algérienne ou une jeune Turque. Enfin, la méthode des quotas elle-même est très impropre à ce genre d'étude car elle pose le problème de la reconnaissance des personnes susceptibles d'entrer dans le champ de l'enquête : comment reconnaît-on un musulman ? La minimisation des coûts implique nécessairement la sélection de lieux d'enquêtes où la probabilité d'en trouver est assez forte, et fait l'impasse sur les lieux de forte dispersion. Or la concentration en populations immigrées est fortement liée à la pratique religieuse. On introduit alors, *ipso facto*, un biais important.

nécessaire, à des fins de comparaison, d'y adjoindre quelques indications sur le degré d'implication religieuse des populations de confession catholique.

Immigrés d'Algérie : les moins pratiquants des « musulmans » de France

Nous nous proposons d'évaluer ces pratiques à partir de la fréquentation des lieux de culte et du degré de pratique religieuse.

La fréquentation des lieux de culte est évaluée à partir d'une question demandant aux enquêtés s'ils y sont allés au moins cinq fois au cours des douze derniers mois et le degré de pratique religieuse à travers deux questions : *1)* « Avez-vous une religion ? » ; *2)* « Pratiquez-vous régulièrement, occasionnellement, pas du tout ? [3] »

Relativement faible fréquentation des lieux de culte : la mosquée, un lieu masculin

La France compterait actuellement 8 mosquées, 120 salles permanentes de prières et un peu plus de 1 000 locaux aménagés (cf. dossier du *Monde*, *op. cit.*). Nous supposerons que les facilités d'accès ne varient pas avec l'origine nationale ou ethnique [4].

Ainsi, la fréquentation de lieux de culte apparaît rarissime parmi les immigrés d'Algérie (11 %), et la plus élevée chez les Mandés d'Afrique noire (34 %) [5]. Les lieux de culte sont des lieux publics et donc surtout masculins : leur

---

3. Cette question pourrait être jugée trop abstraite, dans la mesure où elle laisse à l'enquêté une marge d'interprétation du contenu. Cependant, il semble que les immigrés de culture musulmane l'aient interprétée dans le sens restrictif de la prière.

4. Sans méconnaître les obstacles qui peuvent s'opposer à l'émergence d'un lieu de culte dans un quartier ou une cité, elle dépend, au moins en partie, de l'existence d'une volonté collective pour qu'il en soit ainsi.

5. Elle n'est pas nécessairement très forte dans les pays d'origine. Pour

fréquentation est beaucoup plus faible chez les femmes (6 % contre 15 % chez les hommes pour les immigrés originaires d'Algérie, par exemple).

Degré de pratique religieuse : relativement faible pour les immigrés d'Algérie et très fort pour ceux d'Afrique noire

Près de la moitié des immigrés d'Algérie déclarent n'avoir pas de religion ou ne pas pratiquer, soit une proportion bien supérieure à celle relevée dans tous les autres groupes. Les Mandés d'Afrique noire comptent le plus grand nombre de pratiquants : 18 % seulement ne sont pas croyants ou ne pratiquent pas.

La part de ceux qui pratiquent régulièrement est la plus élevée parmi les Mandés (65 %) et la plus faible parmi les migrants algériens (29 % ; cf. tableau XXII).

TABLEAU XXII. — DEGRÉ DE PRATIQUE RELIGIEUSE DES IMMIGRÉS (%)

	Pas de religion	Pas de pratique	Pratique occasionnelle	Pratique régulière
Algérie	14	34	23	29
Maroc	10	26	24	40
Turquie	7	24	33	36
Wolofs et Peuhls d'Afrique noire	10	18	17	55
Mandés d'Afrique noire	7	11	17	65

Les femmes pratiquent généralement plus que les hommes. Elles sont moins nombreuses à déclarer ne pas avoir de religion et sont plus assidues : un tiers des femmes nées en Algérie pratiquent contre 26 % des hommes de même origine. Les migrantes marocaines et turques pratiquent

---

B. Étienne, la fréquentation des mosquées est très faible : près de 10 % des présents de la mosquée de Casablanca. Cf. « Obligations islamiques et associations à Casablanca », *in* C. SOURIAU (sous la dir. de), *Le Maghreb musulman en 1979*, CNRS, CRESM, 1981.

plus régulièrement. Chez les migrants du Maroc, le poids des pratiques régulières est équivalent pour les deux sexes (tableau XXIII).

TABLEAU XXIII. — DEGRÉ DE PRATIQUE RELIGIEUSE
SUIVANT LE SEXE ET LE PAYS DE NAISSANCE (%)

	Pas de religion	Pas de pratique	Pratique occasionnelle	Pratique régulière
HOMMES				
Algérie	15	38	21	26
Maroc	10	29	23	39
Turquie	8	25	36	31
FEMMES				
Algérie	12	29	25	33
Maroc	11	22	25	42
Turquie	6	22	31	42

Différences entre Arabes et Berbères : plus faible engagement religieux des Kabyles d'Algérie

On dit généralement des Kabyles qu'ils prennent plus de liberté avec l'islam que les Arabes. Ce schéma semble bien s'appliquer aux immigrés en France, mais surtout aux hommes. Ils sont effectivement très nombreux à déclarer ne pas pratiquer ou ne pas avoir de religion (près de deux tiers, soit un niveau équivalent à celui observé en moyenne en France, contre 48 % parmi les Arabes ; cf. tableau XXIV). Seuls 14 % pratiquent régulièrement, soit deux fois moins que les Arabes (32 %). Chez les femmes, les différences vont dans le même sens, mais les comportements sont beaucoup plus proches.

La situation est pratiquement inversée parmi les immigrés du Maroc. Les Berbères sont les plus pratiquants et tout particulièrement les femmes : 18 % seulement des femmes berbères ne croient pas ou ne pratiquent pas contre le double chez les femmes arabes. D'ailleurs, les différences

95

TABLEAU XXIV. — DEGRÉ DE PRATIQUE RELIGIEUSE
CHEZ LES IMMIGRÉS D'ALGÉRIE ET DU MAROC
SUIVANT L'ETHNIE (%)

	Pas de religion ou pas de pratique	Pratique régulière
HOMMES		
Arabes d'Algérie	48	32
Arabes du Maroc	41	36
Berbères d'Algérie	64	14
Berbères du Maroc	33	44
FEMMES		
Arabes d'Algérie	39	35
Arabes du Maroc	36	39
Berbères d'Algérie	45	31
Berbères du Maroc	18	58

de degré de pratique entre migrants algériens et migrants marocains sont relativement faibles dans l'ethnie arabe. La moindre pratique chez les migrants algériens s'expliquerait par les positions inverses des Berbères d'un pays à l'autre.

Si la réputation d'un certain détachement à l'égard de la religion des Kabyles n'est donc pas usurpée, elle ne saurait décrire la situation des Berbères en général, ceux du Maroc se distinguant par un fort attachement religieux, les femmes principalement (58 % de pratique religieuse régulière).

Forte réduction des pratiques chez les jeunes d'origine algérienne

La fréquentation des lieux de culte par les jeunes nés en France de deux parents immigrés est rarissime : quelques pour cent seulement, soit deux fois moins que les immigrés d'Algérie. Leurs pratiques témoignent d'une certaine indifférence par rapport au « religieux ». Ils sont près d'un tiers à déclarer ne pas avoir de religion, hommes et femmes, soit le double des migrants d'Algérie, et même un peu plus pour les femmes. Au total, la proportion de non-croyants ou de non-pratiquants est très proche de celle observée dans l'ensemble des jeunes du même âge résidant en France (près de 70 % des hommes et de 60 % des femmes ; cf. tableau XXV). Ils s'en distinguent cependant par une plus grande assiduité : 10 % de pratique religieuse chez les jeunes gens d'origine algérienne, un peu plus chez les jeunes femmes, soit, dans les deux cas, le double de la moyenne nationale en France. Relativement aux immigrés, cela représente néanmoins une forte diminution des pratiques régulières. Contrairement à ce qui ressortait de l'enquête d'A. Muxel[6], les jeunes femmes d'origine algérienne ne sont pas plus nombreuses que les jeunes gens à se déclarer sans religion.

TABLEAU XXV. — DEGRÉ DE PRATIQUE RELIGIEUSE DES JEUNES D'ORIGINE ÉTRANGÈRE ET DE LA MOYENNE DES FRANÇAIS, SUIVANT LE SEXE

	Pas de religion	Pas de pratique	Pratique occasionnelle	Pratique régulière
HOMMES				
Nés en France de deux parents nés en Algérie	30	38	22	10
Nés en France d'un parent né en Algérie	60	27	6	7
Moyenne des Français	27	43	26	5
FEMMES				
Née en France de deux parents nés en Algérie	30	28	24	18
Née en France d'un parent né en Algérie	58	23	14	6
Moyenne des Françaises	20	35	36	9

Pour le courant algérien, on observe donc, dès la génération des enfants nés en France, un fort ajustement des comportements : les pratiques se sont fortement rappro-

---

6. A. MUXEL, « Les Jeunes de la deuxième génération et leur inscription dans les systèmes politiques actuels », communication à la journée d'étude du CEVIPOF, *Les Clés pour l'élection présidentielle*, 29 janvier 1988. R. LEVEAU et C. DE WENDEN, « Les Beurs : nouveaux citoyens », *Les Cahiers de l'Orient*, n° 11, 1988.

chées des pratiques moyennes en France. Nous sommes loin du retour à l'islam annoncé. Ces résultats datent de fin 1992 et sont suffisamment « frais » pour prétendre décrire la réalité actuelle, même en supposant l'existence d'un tel mouvement. Le désintérêt manifeste des jeunes d'origine algérienne à l'égard de la religion ne permet guère d'envisager une réislamisation et une montée du fondamentalisme parmi eux. S'il est vrai que la dégradation de la situation sociale de certaines banlieues a permis à l'intégrisme de s'y installer, il faudrait imaginer une véritable démission des pouvoirs publics face aux problèmes sociaux pour qu'il prospère véritablement dans la jeunesse d'origine algérienne.

Comme nous l'avons déjà remarqué, les enfants des couples mixtes franco-algériens sont généralement agnostiques, bien plus souvent que ce n'est le cas en moyenne en France. L'univers culturel double dans lequel ils évoluent aboutit donc à un refus du religieux.

Respect du jeûne et prescriptions alimentaires : un fait culturel

Le ramadan fait partie, avec l'attestation de foi, la prière rituelle, l'aumône légale et le pèlerinage à La Mecque, des cinq piliers de l'islam. Au jeûne annuel de trente jours s'ajoutent un certain nombre de prescriptions alimentaires. Ainsi, l'islam interdit la consommation de porc et réprouve l'absorption d'alcool, sans que celle-ci ne soit explicitement interdite. L'interdit sur le porc fait référence à la distinction entre le pur et l'impur, alors que l'alcool est assimilé à une drogue[7]. On observe donc une permissivité généralement plus grande à l'égard de l'alcool. En fait, celle-ci ne s'adresse qu'aux hommes, la consommation d'alcool par les femmes étant jugée comme un « déclassement infamant »,

---

7. P. POUPARD (sous la dir. de), *Dictionnaire des religions*, PUF, Paris, 1993.

renvoyant à l'image de prostituée : il semble qu'il soit plus facile pour une femme, dans un pays musulman, de manger du cochon que de boire de l'alcool[8]. Le Coran recommande l'abattage rituel des animaux qui doivent être entièrement vidés de leur sang avant consommation, la viande est alors dite *hallal*.

Tous les enquêtés, qu'ils aient déclaré avoir une religion ou non, ont eu à répondre à ces questions : « Y a-t-il des nourritures ou des boissons que vous ne consommez jamais, que ce soit par respect des interdits religieux ou des traditions de votre culture ? Si oui, lesquels ? » Deux réponses pour les nourritures et deux pour les boissons étaient possibles.

Qu'il s'agisse du jeûne ou des interdits alimentaires, les pratiques ne sont pas simples et invariantes dans le temps. En effet, le respect des périodes de jeûne ou des interdits alimentaires peut être intermittent ; on peut manger des nourritures contenant du porc ou de l'alcool en faisant semblant de l'ignorer. Nous sommes sur un domaine où le jeu social est extrêmement complexe. D'après J.-N. Ferrié, c'est plus l'« ensemble des jeux sociaux auxquels le respect ou non-respect des interdits donne lieu » et la manière dont les individus cachent l'infraction qu'il convient d'analyser que la pratique réelle. Ces subtilités sont évidemment hors de portée d'une enquête quantitative. Les déclarations des enquêtés sont donc relativement ambiguës. Elles sont mieux à même de mesurer un attachement culturel que l'intensité précise du respect des prescriptions.

Ramadan et interdits alimentaires : attachement important à ces pratiques

Nombreux sont les immigrés qui déclarent jeûner à l'occasion du ramadan, toujours plus des deux tiers

---

8. J.-N. FERRIÉ, « Remarques sur l'interdiction de la consommation du porc et de l'alcool », *in* J.-N. FERRIÉ et G. BOETSCH, « Anthropologie de l'immigration », *Cahiers de l'IREMAM*, Aix-en-Provence, 1992.

(tableau XXVI). Ce sont les migrants marocains et d'ethnie Mandé qui semblent respecter le plus scrupuleusement la période de jeûne (un peu plus de 80 %).

TABLEAU XXVI. — RESPECT DU JEÛNE ET DES INTERDITS
ALIMENTAIRES PAR LES IMMIGRÉS (%)

	Jeûne	Porc	Alcool
Turquie	70	70	58
Algérie	74	74	63
Maroc	84	77	69
Wolofs et Peuhls d'Afrique noire	77	75	72
Mandés d'Afrique noire	82	77	77

Comme attendu, l'interdit sur le porc est généralement mieux observé que celui sur l'alcool. Sur le premier, les écarts de pratique en fonction de l'origine sont relativement faibles. Les immigrés venus du Maroc ou appartenant aux ethnies musulmanes d'Afrique noire restent cependant les plus respectueux des prescriptions alimentaires. Un laxisme plus grand à l'égard de l'alcool caractérise les migrants turcs, dont le raki, boisson nationale, a atteint une certaine notoriété. D'ailleurs, comme on le verra, les hommes venus de Turquie sont les champions de la fréquentation des cafés en France.

Les femmes montrent toujours un plus grand attachement aux prescriptions du Coran (tableau XXVII), notamment l'observance du jeûne annuel. Moins souvent actives et plus confinées dans la sphère domestique que les hommes, elles sont mieux à même de pratiquer le jeûne. Comme prévu, c'est sur la consommation d'alcool que les différences entre sexes sont les plus nettes, les déclarations des femmes sur la consommation de porc et d'alcool étant, au total, voisines.

Finalement, parmi les hommes seulement, les migrants algériens se retrouvent beaucoup plus proches de ceux de Turquie que des migrants marocains : deux tiers suivent le

TABLEAU XXVII. — RESPECT DU JEÛNE ET DES INTERDITS
ALIMENTAIRES PAR LES IMMIGRÉS SUIVANT LE SEXE
ET LE PAYS DE NAISSANCE
(%)

	Jeûne	Porc	Alcool
HOMMES			
Turquie	67	67	49
Algérie	69	69	54
Maroc	82	75	64
FEMMES			
Turquie	75	74	69
Algérie	81	80	76
Maroc	86	80	77

jeûne et ne mangent pas de cochon et la moitié ne boivent pas d'alcool, niveau d'observance très inférieur à celui des immigrés du Maroc.

Les immigrés qui déclarent ne jamais manger de viande non *hallal* sont très peu nombreux, un maximum de 4 % étant atteint parmi les personnes nées en Algérie. Ces réponses ne renseignent en aucun cas sur la clientèle réelle ou potentielle des boucheries *hallal*. Elles indiquent plus vraisemblablement une grande souplesse des comportements et des pratiques mélangées : on peut acheter de la viande *hallal* de temps en temps, ou chaque fois que cela est possible, sans en faire une règle alimentaire stricte. L'enquête ne confirme donc pas l'importance des immigrés refusant de manger de la viande *hallal* relevée dans certaines enquêtes qualitatives[9].

---

9. C'est ainsi le cas d'une enquête réalisée auprès de 58 personnes, par une équipe du CERI. Cf. R. LEVEAU et G. KEPEL (sous la dir. de) *in Les Musulmans dans la société française*, 1988. Cf. G. KEPEL, *Les Banlieues de l'Islam, naissance d'une religion en France*, Le Seuil, Paris, 1987.

Interdits et appartenance ethnique : faible observance des Kabyles et des Kurdes

Grosso modo, il n'y a guère de différences entre Arabes d'Algérie et Arabes du Maroc (tableau XXVIII). Pour les Berbères, on retrouve la forte opposition entre Kabyles d'Algérie et Berbères du Maroc déjà notée sur le degré de pratique religieuse. Les premiers affichent une plus grande liberté vis-à-vis des interdits de l'islam que les seconds, les écarts étant toutefois atténués parmi les femmes. Ainsi les Kabyles sont-ils moins respectueux des interdits que les Arabes d'Algérie alors que la situation est exactement inverse pour les migrants du Maroc. Près de la moitié des Berbères d'Algérie mangent du cochon et deux tiers boivent de l'alcool (contre respectivement un quart et un tiers des Arabes). A l'opposé, plus de 90 % des femmes berbères du Maroc déclarent ne jamais manger de porc ni boire de l'alcool. La grande hétérogénéité des populations berbères contraste avec une certaine homogénéité des population arabes originaires d'Algérie ou du Maroc.

TABLEAU XXVIII. — RESPECT DES INTERDITS ALIMENTAIRES SUIVANT LE SEXE, L'ETHNIE ET LE PAYS DE NAISSANCE (%)

	Porc	Alcool
HOMMES		
Arabes d'Algérie	77	62
Arabes du Maroc	73	63
Berbères d'Algérie	53	38
Berbères du Maroc	84	75
Turcs	74	55
Kurdes	44	24
FEMMES		
Arabes d'Algérie	84	81
Arabes du Maroc	82	80
Berbères d'Algérie	74	71
Berbères du Maroc	93	94
Turques	81	74
Kurdes	49	51

La présence de quelques Arméniens, mais surtout de Kurdes parmi les migrants de Turquie vient minorer l'observance des interdits alimentaires parmi les migrants turcs. Chez les Arméniens, ces interdits n'existent pas. Quant aux Kurdes, à 99 % musulmans, une minorité seulement respecte l'interdit sur le porc et la moitié des femmes et les trois quarts de hommes se dispensent de l'interdit sur l'alcool.

Comme les Turcs, généralement de rite sunnite, ils peuvent être aussi alaouites : dans les proportions de trois quarts-un quart. La moindre observance des préceptes religieux par les Kurdes pourrait s'expliquer par une forte présence, en France, d'alaouites, dont les pratiques sont moins rigides que celles des sunnites [10]. En outre, les Kurdes n'ont pas la réputation d'être très dévots ; un proverbe turc ne dit-il pas : « Comparé au mécréant, le Kurde est un musulman [11] » ?

En définitive, les interdits alimentaires semblent autant suivis par les Turcs que par les Arabes.

Au total, comparées à la fréquence de la pratique religieuse et à la fréquentation d'un lieu de culte, les déclarations en matière d'interdits alimentaires se situent à un niveau tel qu'elles manifestent plus un attachement culturel que l'expression d'un sentiment religieux. Cela est notamment manifeste lorsqu'on examine ce que deviennent ces pratiques parmi les jeunes d'origine algérienne nés en France.

Les jeunes d'origine algérienne : ramadan et interdits alimentaires, fidélité aux origines

Si le désintérêt religieux des jeunes nés en France de deux parents immigrés semble très grand, il touche moins les

---

10. G. SALOM, *Recherche-action sur la communauté immigrée turque en France*, ADRI, 1984.

11. C. MORE, *Les Kurdes aujourd'hui, mouvement national et partis politiques*, L'Harmattan, Paris, 1984.

pratiques du ramadan et les interdits alimentaires : environ les deux tiers déclarent jeûner et ne pas manger de porc et la moitié ne pas boire d'alcool. Sans préjuger des pratiques réelles, ces déclarations affirment plus une fidélité aux origines qu'un intérêt pour la religion. La plus forte stigmatisation de la consommation d'alcool féminine ne marque plus les jeunes d'origine algérienne. Lorsqu'ils sont nés dans un couple franco-algérien, le fort désintérêt religieux s'accompagne d'une faible observance des prescriptions de l'islam en matière de jeûne et d'alimentation : un peu plus de 20 % respecteraient l'interdit sur le porc et 14 % ne boiraient pas d'alcool.

Musulmans/catholiques : degré de pratique religieuse

Comparons les comportements des immigrés d'Algérie, les moins pratiquants des groupes d'immigrés de culture musulmane, à ceux nés en Espagne ou au Portugal et à l'ensemble des résidents en France, en grande majorité de culture catholique.

Pratique plus régulière chez les immigrés de culture musulmane

La fréquentation des lieux de culte par des hommes venus d'Algérie est voisine de celle des migrants espagnols. Mais, alors que la mosquée est un lieu masculin, l'église est plutôt le terrain des femmes : les plus ferventes sont celles nées au Portugal (41 % de fréquentation).

Nouvelle similitude entre les migrants d'Algérie et d'Espagne : ceux qui n'ont pas de religion et ceux qui ne pratiquent pas sont à peu près aussi nombreux dans les deux cas, et un peu moins seulement que la moyenne nationale. Au contraire, ils le sont beaucoup moins parmi les migrants portugais, les femmes principalement (75 %

d'entre elles pratiquent régulièrement ou occasionnellement contre 50 % en moyenne en France).

Les similarités entre migrants espagnols et migrants algériens s'arrêtent là. Lorsqu'ils pratiquent, les seconds le font plus régulièrement. Comme ils sont aussi les moins pratiquants des migrants de culture musulmane, il s'agit là d'un résultat général : la pratique religieuse est plus régulière chez les musulmans que chez les catholiques.

Même résultat chez les jeunes d'origine étrangère qui connaissent un degré de pratique religieuse nettement plus faible

La fréquentation d'un lieu de culte apparaît exceptionnelle parmi les jeunes d'origine algérienne et espagnole. Son niveau, chez les jeunes d'origine portugaise, est plus élevé et voisin de celui observé en moyenne en France.

Nous retrouvons un noyau un peu plus important de pratiquants réguliers chez les jeunes d'origine algérienne (10 % chez les hommes et 18 % chez les femmes, à comparer aux 5 % et 9 % de la moyenne nationale). Par la part de non-pratiquants et de non-croyants, les jeunes d'origine algérienne se situent au niveau national, mais bien au-dessus des jeunes d'origine portugaise, les plus religieux, et très en dessous des jeunes d'origine espagnole. Il n'y aurait donc pas une forte singularité des migrants algériens et des jeunes d'origine algérienne dans leur attachement religieux, mais une régularité un peu plus grande dans la pratique.

Ethnies Mandé et de langue kwa d'Afrique noire : mêmes différences entre musulmans et catholiques, sur fond de pratique religieuse plus assidue

L'opposition sur la régularité de la pratique religieuse entre musulmans (ici les Mandés) et catholiques (ici les ethnies de langue kwa, souvent en même temps animistes) se retrouve chez les immigrés d'Afrique noire, mais à un niveau de pratique religieuse bien plus élevé : deux tiers de pratique régulière chez les Mandés contre un tiers dans les ethnies de langue kwa. Ces derniers sont un peu plus nombreux à déclarer ne pas pratiquer (25 % contre 11 % des Mandés). Cependant, au total, ils sont plus souvent pratiquants que la moyenne nationale en France (68 % contre 44 % seulement) et pratiquent également beaucoup plus régulièrement (32 % contre 10 %). La fréquentation des lieux de culte est également supérieure parmi eux et voisine de celle observée chez les Mandés.

De l'influence de quelques variables sur le degré de pratique de l'islam

De nombreux facteurs peuvent moduler les pratiques religieuses. Outre la durée des études, nous prendrons en compte la situation matrimoniale et le type de peuplement du quartier. Nous ne reviendrons pas sur l'effet d'acculturation important qu'occasionne l'union mixte, décrit dans le précédent chapitre. Soulignons simplement que, à type d'union équivalent, les migrants d'Algérie sont encore ceux dont l'indifférence religieuse est la plus forte.

Moindre pratique religieuse chez les mieux scolarisés

Les migrants qui ne sont pas allés à l'école ou possèdent un faible niveau scolaire sont les plus religieux. La relation entre durée des études et degré de pratique religieuse est particulièrement forte parmi les migrants d'Algérie et d'Afrique noire : pour les premiers, la proportion de personnes sans religion ou ne pratiquant pas passe de 33 % en l'absence de scolarisation à 58 % chez ceux qui ont été au moins sept ans à l'école ; pour les seconds, elle passe respectivement de 13 % à 28 %. De manière générale, à durée d'études identique, les populations originaires d'Algérie connaissent la proportion de non-pratiquants ou de non-croyants la plus forte, d'un niveau équivalent à celui observé en moyenne en France.

Situation matrimoniale des migrants d'Algérie et du Maroc : fort ancrage religieux des hommes vivant sans leur épouse restée au pays

L'immigration de main-d'œuvre qui s'est développée en France jusqu'au milieu des années soixante-dix a amené, d'Algérie et du Maroc, une population masculine en partie déjà mariée et des célibataires qui, pour beaucoup, sont allés se marier dans leur pays d'origine. La plupart du temps, l'épouse les a rejoints. Cependant une proportion importante d'entre eux n'ont jamais fait venir leur épouse (un peu plus de 20 %). Ces hommes vivent le plus souvent dans des foyers, des garnis ou des meublés et se sont peu ouverts à la société française. Ils ont subi une faible acculturation et leurs pratiques religieuses sont les plus élevées : 24 % seulement des migrants algériens se trouvant dans cette situation déclarent n'avoir aucune religion ou ne pas pratiquer, contre 52 % de ceux vivant en couple en France. Ceux qui n'ont pas de conjoint du tout sont encore les moins pratiquants (71 %) : ils appartiennent aux flux les plus récents entrés dans le cadre du nouveau régime migratoire. La pratique régulière suit la même règle d'évolution : 50 % des hommes vivant loin de leur épouse pratiquent régulièrement contre 20 % de ceux qui sont libres de tout engagement. Le phénomène est identique parmi les migrants du Maroc, mais sur un fond de pratique religieuse plus intense.

Pratique de l'islam et type de peuplement du quartier : la ségrégation renforce la pression sociale

La composition ethnique du quartier est liée à la pratique religieuse, soit parce que les regroupements communautaires favorisent la revendication identitaire, soit parce que la pression sociale qu'ils exercent poussent les individus à se conformer aux préceptes religieux et culturels. D'après les déclarations des enquêtés, nous avons fait une typologie des quartiers qu'ils habitent, comprenant les quartiers communautaires (beaucoup d'immigrés de même origine), les quartiers immigrés (beaucoup d'immigrés sans qu'il s'agisse plus spécialement de personnes de même origine) et les quartiers non immigrés (peu d'immigrés en général). Plus la concentration ethnique est grande, plus l'est également la fréquentation d'un lieu de culte : il est clair que la présence d'une mosquée ou d'un lieu de prière collectif dépend de l'importance locale de la population musulmane et module nécessairement la fréquentation. Le degré de pratique religieuse varie de même, la proportion de non-croyants augmente avec la dispersion des immigrés (tableau XXIX).

TABLEAU XXIX. — INDICATEURS DE PRATIQUE RELIGIEUSE SUIVANT LE TYPE DE PEUPLEMENT DU QUARTIER (%) ALGÉRIE-MAROC

	Algérie	Maroc
Fréquentation d'un lieu de culte		
Quartier communautaire	15	23
Quartier immigré	10	23
Quartier non immigré	6	13
% non-croyants ou non-pratiquants		
Quartier communautaire	43	31
Quartier immigré	45	34
Quartier non immigré	59	45
Respect du jeûne		
Quartier communautaire	81	90
Quartier immigré	75	86
Quartier non immigré	63	73

On constate aussi une plus grande émancipation vis-à-vis du jeûne et des interdits alimentaires dans les quartiers non immigrés, bien que l'attachement à ces pratiques reste important. C'est probablement dans ce domaine que la pression sociale en quartier communautaire s'exerce le plus.

Ce n'est cependant pas la différence de localisation qui explique seule la diversité des pratiques religieuses suivant le pays d'origine : la plus faible assiduité des lieux de culte et la pratique plus relâchée des migrants algériens est générale, quel que soit le type de quartier.

Lieu d'enterrement : ultime retour ?

Le désir d'être enterré dans le pays d'origine, s'il a pour fonction le maintien d'un lien symbolique[12] avec celui-ci et s'il peut donner une idée de l'espace dans lequel les immigrés se projettent, nous semble obéir à d'autres impératifs. Les souhaits en matière d'enterrement sont aussi déterminés par des pratiques culturelles et des rites funéraires extrêmement stricts, qu'il est quelquefois difficile d'observer en France surtout lorsque la croyance populaire exige un retour en terre natale. C'est le cas, par exemple, dans le nord du Portugal, où le retour du corps permettrait ainsi aux proches du défunt d'effectuer des prières et des rites d'exorcisation visant à purifier son âme[13].

Pour les musulmans, la rareté des carrés musulmans dans les cimetières et les difficultés rencontrées pour pratiquer leurs rites funéraires pourraient bien constituer un obstacle important à l'abandon de l'idée d'un ultime retour au pays natal.

---

12. Y. Chaib, *L'Islam et la mort en France*, thèse, université d'Aix-Marseille, 1992.
13. A. Branquinho Pequeno, « Les morts voyagent aussi... le dernier retour de l'immigré portugais », *in Esprit*, novembre 1983.

Migrants espagnols, portugais et d'Afrique noire : des projets d'enterrement qui coïncident avec les projets de retour

Pour ces trois courants, la proportion de personnes qui souhaitent se faire enterrer dans le pays d'origine, bien que fort variable, correspond à peu près à celle des migrants souhaitant retourner vivre dans leur pays d'origine. Ces désirs reflètent donc plutôt des niveaux différents de projection : près de la moitié des migrants d'Afrique noire, le tiers de ceux du Portugal et à peine plus d'un migrant espagnol sur dix. Pour ceux qui sont entrés en France alors qu'ils étaient encore enfants, les désirs d'enterrement au pays natal sont toujours moins importants ; ils sont dérisoirement faibles chez ceux d'Espagne. Les disparités entre les pays d'origine reflètent surtout les différences d'ancienneté des courants migratoires : presque tous les retours qui devaient intervenir dans le courant espagnol se sont déjà produits ; la projection au pays natal est de ce fait réduite.

Migrants algériens, marocains et turcs : obstacle culturel et religieux à un enterrement en France

Le désir d'être enterré dans le pays natal est toujours bien supérieur aux intentions de retour, qui sont relativement faibles. Environ, la moitié des hommes et des femmes nés en Algérie ou au Maroc souhaitent être enterrés dans leur pays d'origine. Ce sont les migrants turcs qui y tiennent le plus : les deux tiers des hommes et 70 % des femmes. Pour ces derniers, contrairement à ce que l'on observe généralement, ces aspirations ne sont pas atténuées chez les individus venus dans leur enfance, au contraire : cela reflète un enclavement familial et communautaire très caractéristique de ce courant.

Le caractère très modéré des pratiques religieuses des immigrés d'Algérie ne saurait justifier à lui seul les souhaits observés en matière d'enterrement. D'ailleurs, si la proportion des hommes qui désirent être enterrés en Algérie s'accroît fortement avec le degré de pratique religieuse, ils sont encore près de 50 % à faire ce choix parmi ceux qui déclarent ne pas avoir de religion lorsqu'ils sont venus à l'âge adulte (contre 72 % en cas de pratique régulière) et 24 % lorsqu'ils sont venus comme enfants (contre 59 % en cas de pratique régulière). *Il s'agit donc là plus d'un fait culturel que proprement religieux.* S'y ajoutent probablement, pour les migrants algériens, des réticences liées à l'histoire conflictuelle récente entre l'Algérie et la France. Il est ainsi intéressant de constater qu'à niveau de pratique équivalent les migrants adultes algériens souhaitent toujours un peu plus se faire enterrer dans leur pays natal que ceux du Maroc : par exemple, quand la moitié des premiers déclarant ne pas avoir de religion y aspirent encore, ce n'est le cas que d'un tiers des seconds.

II

LA SPHÈRE PUBLIQUE

5

Sociabilité et ouverture
à la société française

Les manières de vivre en France sont révélatrices d'échanges plus ou moins grands avec la société d'installation. La *sociabilité*, qui décrit les rapports avec autrui, permet d'aborder cette question. Elle regroupe les contacts entretenus en dehors de la sphère domestique (quartier, café, participation associative, sorties...) qui qualifient la sociabilité externe, et ceux qui se situent précisément dans cette sphère domestique — visites des (ou chez des) voisins, réceptions à la maison — et se rattachent à la sociabilité interne. On dira de la sociabilité qu'elle est *communautaire* lorsqu'elle concerne préférentiellement des personnes de même origine ethnique. Cette préférence ethnique peut se traduire par un appauvrissement des relations sauf à reconstituer, en France, un réseau de connaissances formé de personnes originaires du même pays, et souvent du même village. Au lieu d'être source de mélanges de populations, elle peut alors devenir un élément de repli et de maintien de la cohésion communautaire. La plupart des groupes d'immigrés en France échappent à ce schéma, mais se caractérisent par une ouverture variable aux mélanges.

De nombreux facteurs, choisis ou subis, participent à

faire de la sociabilité des immigrés un élément d'ouverture sur la société française ou, au contraire, un élément de repli. Les types d'habitat et de peuplement du quartier reflètent des logiques qui sont largement extérieures aux personnes. Par ailleurs, l'origine sociale et le niveau scolaire, en moyenne inférieurs à ceux de la population française, déterminent certaines spécificités des pratiques sociales. La culture d'origine, par la place qu'elle réserve aux femmes et plus généralement par les pratiques sociales qu'elle suppose, module également fortement leur sociabilité.

Moins de sorties nocturnes que la moyenne des Francais : l'exception turque

Les sorties nocturnes devraient, *a priori*, figurer comme une indication positive de l'ouverture d'un groupe d'immigrés sur la société française : en fait, tout dépend du type de sorties et de l'environnement dans lequel elles se font. Une sociabilité apparemment très tournée sur l'extérieur ne s'accompagne pas forcément de contacts intenses avec la société française.

Les migrants turcs sont ceux qui sortent le plus en France

Un indicateur de sorties a été construit à partir de la question suivante : « En moyenne, sortez-vous le soir, quel qu'en soit le but, par exemple dans la rue pour une promenade, chez des amis, au cinéma, etc., plusieurs fois par semaine, une fois par semaine, deux à trois fois par mois, plus rarement ou jamais ? » Il figure dans le tableau XXX.

Tous les groupes de migrants sortent moins que la moyenne des Français, à l'exception de ceux venus de Turquie. Les plus casaniers sont les migrants ibériques. Les femmes sortent généralement moins, et les écarts hommes/

TABLEAU XXX. — INDICATEUR DE FRÉQUENCE DES SORTIES
LE SOIR PAR SEXE ET PAYS DE NAISSANCE

	Total	Hommes	Femmes
Turquie	2,6	2,9	2,3
France entière	**2,3**	**2,4**	**2,2**
Afrique noire	1,9	2,3	1,4
Maroc	1,8	1,9	1,6
Sud-Est asiatique	1,7	1,9	1,4
Algérie	1,5	1,8	1,0
Espagne	1,3	1,5	1,1
Portugal	1,3	1,5	1,0

femmes les plus grands se trouvent parmi les migrants algériens et d'Afrique noire.

Les immigrés de Turquie sortent beaucoup, notablement plus que les Français en moyenne, mais vont plus rarement au restaurant, ne fréquentent guère les cinémas, les concerts ou les boîtes de nuit. Ils préfèrent rendre visite à des amis, ou encore participer à des fêtes communautaires. C'est parmi les migrants turcs que l'on trouve la plus forte pratique de la télévision conviviale (consistant à aller la regarder ailleurs que chez soi). C'est également parmi eux que la fréquentation du café est la plus assidue : près de la moitié des hommes y vont plusieurs fois par semaine, contre 18 % en moyenne en France. Leur faible maîtrise du français ne leur permet guère de participer à des activités culturelles en français. Les hommes vont cependant volontiers assister à des matchs sportifs, et ce, dans une proportion voisine à la moyenne nationale.

Les immigrés du Maghreb ne fréquentent guère les restaurants, occasion de sortie la plus habituelle en France, les repas relevant de la sphère domestique avant tout, même les repas de fête. Seuls les migrants espagnols et du Sud-Est asiatique vont presque aussi souvent au restaurant que la moyenne des Français.

En dépit de la légende, le café n'est pas un lieu de convivialité très important pour les Français, qui se placent, nous l'avons vu, loin derrière les migrants turcs, mais aussi en retrait par rapport à la plupart des autres immigrés. Seuls les migrants espagnols fréquentent aussi peu le café que la moyenne des hommes en France. C'est un lieu masculin par excellence et sa fréquentation assidue est presque aussi rare chez l'ensemble des femmes résidant en France que chez les différents groupes de femmes immigrées.

Les HLM enferment

Les variables habituelles modulant les sorties et reflétant le capital culturel et le niveau de vie des personnes[1] — origine sociale et niveau scolaire — agissent sur la sociabilité des immigrés. Les immigrés dont le père appartient (ou appartenait) aux catégories sociales intermédiaires ou supérieures sont ceux qui sortent le plus. Les migrants turcs occupent encore, dans cette classe, une position dominante (78 % sortent au moins une fois par mois, contre environ deux tiers pour les autres, y compris la moyenne des Français). Mais même les enfants d'ouvriers turcs sortent presque autant (59 %) que la plupart des autres immigrés d'extraction sociale la plus élevée. L'introduction du niveau d'études conduit à un résultat voisin puisque les migrants turcs qui n'ont jamais fréquenté l'école sortent plus que n'importe quel autre groupe de migrants scolarisés pendant au moins sept ans.

Les sorties nocturnes en France, toujours plus intenses parmi les jeunes (l'indicateur de sortie atteint 3,0 à 20-29 ans), ont tendance à se réduire ensuite, lorsque les charges de famille sont les plus lourdes (1,2 à 30-39 ans), pour augmenter un peu après 40 ans (1,8). Ce schéma ne vaut guère pour les immigrés : les sorties diminuent avec l'âge. Ainsi l'indicateur de sortie passe-t-il de 2,2 à 20-29 ans à 1,3 à 40 ans et plus chez les migrants algériens.

---

1. D. Cogneau, *Pratiques culturelles des Français. 1973-1989*, La Découverte, Paris, 1990. C. Paradeise, « Sociabilité et culture de classe », *Revue française de sociologie*, XXI, 1980.

Les sorties sont presque aussi fréquentes chez les jeunes nés en Espagne que chez ceux nés en Turquie, mais diminuent très fortement avec l'âge parmi les premiers alors que cette baisse est relativement faible pour les seconds : l'indicateur de sortie passe ainsi de 2,8 chez les 20-29 ans à 1,4 chez les plus de 40 ans parmi les migrants espagnols, alors qu'il est encore de 2,6 après 40 ans parmi ceux de Turquie. A cet âge, ces derniers sortent autant que les migrants du Portugal de 20-29 ans. L'originalité turque réside donc surtout en un maintien des sorties nocturnes à des âges ou l'on est d'habitude devenu plus casanier. On a là un type de sorties spécifique plus fondé sur les visites sociales que l'on se rend les uns les autres que sur les activités culturelles offertes par le pays d'accueil. Cette hypothèse est renforcée par l'observation de l'évolution des habitudes de sorties en fonction du type d'habitat.

Les HLM, par leur situation en périphérie des villes, plutôt qu'à proximité du centre, ne sont guère propices aux sorties nocturnes. En effet, pour tous les groupes d'immigrés, toujours à l'exception de ceux de Turquie, les appartements *hors HLM* sont plus propices aux sorties ; c'est aussi vrai des Français en moyenne. Cet effet dissuasif de l'habitat HLM sur les sorties est particulièrement accentué parmi les migrants algériens (tableau XXXI). Au contraire de tous les autres, les migrants turcs sortent plus lorsqu'ils résident dans une HLM.

TABLEAU XXXI. — INDICATEUR DE FRÉQUENCE
DES SORTIES LE SOIR SUIVANT LE TYPE D'HABITAT
ET LE PAYS DE NAISSANCE

	HLM	*Appartement hors HLM*	*Maison individuelle*
Turquie	2,8	2,5	2,5
France entière	1,9	2,6	1,9
Algérie	1,2	1,8	1,5

Les pratiques en matière de sortie des migrants turcs échappent donc largement aux grilles d'analyse habituelles. Comme les HLM se situent dans des quartiers où les concentrations en immigrés sont les plus fortes, on peut supposer que les sorties des migrants turcs s'en trouvent favorisées. Avant même de savoir quel type de personnes rencontrent les immigrés dans leur voisinage, on peut déjà qualifier de très fortement communautaire la sociabilité des migrants turcs, les concentrations géographiques représentant un facteur d'intensification de ces relations. La très forte concentration de ces immigrés explique pour beaucoup le niveau exceptionnel des sorties nocturnes. Avec un niveau de concentration voisin, les migrants algériens sortent moins, car leurs sorties dépendent plus des occasions offertes par l'environnement que de la présence de compatriotes dans le quartier.

Sociabilité de voisinage : les mélanges dominent sauf chez les Turcs

Il faut souligner l'importance généralement plus grande de la sociabilité de voisinage parmi les immigrés relativement à la moyenne nationale et la place importante des femmes dans l'organisation de cette sociabilité parmi les populations originaires du Maghreb et de Turquie.

Des rapports de voisinage généralement plus fréquents chez les immigrés : un apanage des femmes du Maghreb et de Turquie

A l'exception des immigrés du Sud-Est asiatique, où la sociabilité de voisinage tient une place à peu près aussi faible que chez la moyenne des Français, tous les autres groupes d'immigrés ont des rapports plus fréquents avec leurs voisins, la palme revenant, encore et toujours, aux migrants turcs : l'indicateur de fréquence des visites de voisinage y est deux fois plus élevé que chez les Français (tableau XXXII). L'écart à la moyenne nationale est mince chez les migrants ibériques. Il est, en revanche, relativement important chez ceux du Maroc et d'Afrique noire. Pour les courants algérien, marocain et turc, les rapports de voisinage diffèrent beaucoup suivant le sexe. La sociabilité masculine algérienne n'est guère supérieure à celle des Français en moyenne, alors que celle des femmes dépasse nettement la moyenne nationale. De manière générale, ces trois courants appartiennent à des cultures où la sphère domestique est le domaine réservé des femmes. Leur faible engagement sur le marché du travail et, pour les femmes nées au Maroc et en Turquie, leur faible maîtrise du français les cantonnent plus volontiers dans l'univers domestique.

TABLEAU XXXII. — INDICATEUR DE LA SOCIABILITÉ DE VOISINAGE PAR SEXE ET PAYS DE NAISSANCE

	Total	*Hommes*	*Femmes*
Turquie	2,7	2,5	3,0
Afrique noire	2,1	2,1	2,0
Maroc	2,0	1,8	2,2
Algérie	1,7	1,4	2,0
Espagne	1,6	1,7	1,5
Portugal	1,6	1,6	1,6
Sud-Est asiatique	1,3	1,4	1,3
France entière	**1,3**	**1,3**	**1,2**

Le milieu le plus propice au développement de la sociabilité de voisinage est l'habitat dispersé comprenant les zones rurales[2] : les rapports de voisinage sont ainsi plus fréquents chez les Français qui résident en maison individuelle que chez ceux qui habitent en appartement, HLM ou non. Cette relation n'est pas toujours vérifiée parmi les

---

2. F. HÉRAN, « Comment les Français voisinent », *Économie et Statistique*, n° 195, 1987.

immigrés. C'est dans les HLM que les rapports entre voisins sont les plus intenses pour trois groupes : les migrants du Sud-Est asiatique, d'Afrique noire et, bien sûr, ceux de Turquie. Dans ce type d'habitat, les migrants turcs voient trois fois plus souvent leurs voisins que la moyenne nationale.

La variabilité des visites de voisinage en fonction du type de quartier donne une bonne idée de l'enclavement communautaire des groupes d'immigrés : plus la sociabilité est sensible au type de peuplement du quartier (communautaire, immigré, non immigré), plus cet enclavement risque d'être important. C'est le cas des migrants turcs dont la proportion de visites fréquentes (au moins une fois par mois) passe de 71 % en quartier communautaire à 49 % dans les quartiers non immigrés, proportion alors proche de celle des migrants d'Espagne, du Portugal et du Maroc. La liaison apparaît également très forte pour les migrants d'Afrique noire, mais s'explique en partie par la présence importante, dans les quartiers communautaires, d'hommes vivant en célibataires dans des foyers et ayant le plus de contacts avec leurs voisins. Les Mandés d'Afrique noire, qui forment l'essentiel de la population en foyer, connaissent les relations de voisinage les plus étroites. Pour les autres groupes d'immigrés, la sociabilité de voisinage se trouve peu modifiée par le mode de peuplement du quartier, et même pas du tout en ce qui concerne les migrants du Portugal et d'Espagne

On retrouve donc le rôle moteur de la composante communautaire dans la sociabilité des immigrés de Turquie, qui ressortait très nettement des pratiques de sorties nocturnes[3]. L'analyse des réponses directes à la question sur le type de voisins que l'on fréquente de manière privilé-

---

3. D'après G. SALOM, la communauté turque se caractérise par un fort repli sur elle-même, les relations de voisinage se faisant avec d'autres membres de la communauté : on va visiter des compatriotes, le dimanche par exemple. On se retrouve à plusieurs familles dans le cadre de repas et de veillées (*op. cit.*).

giée[4] permet de préciser l'importance de la sociabilité communautaire.

Part importante de la sociabilité communautaire chez les migrants turcs et les ruraux d'Afrique noire d'ethnie Mandé ou Peuhl

Les relations de voisinage entre gens de même origine dominent largement parmi les migrants turcs : un peu plus de 60 % d'entre eux visitent ou reçoivent surtout des compatriotes ou ex-compatriotes. Cette situation est exceptionnelle, car le maximum atteint dans les autres courants migratoires ne dépasse guère 40 % : les migrants du Sud-Est asiatique, du Maroc et d'Afrique noire sont proches de ce niveau. Viennent ensuite ceux d'Algérie (35 %). Les moins concernés par la sociabilité communautaire sont les migrants du Portugal (25 %) et ceux d'Espagne (10 %).

Le courant d'Afrique noire renferme une grande diversité suivant l'appartenance ethnique. Les Mandés et les Peuhls connaissent une forte sociabilité communautaire (environ 60 %), assez voisine de celle des migrants turcs. Elle est beaucoup plus faible dans les autres ethnies (30 % à 40 %).

La plupart des immigrés ont, en fait, une sociabilité très mélangée, sans dominante particulière. C'est seulement parmi les migrants espagnols et, dans une moindre mesure, ceux du Portugal que les rapports de voisinage privilégiés avec des Français d'origine sont importants : la moitié pour les premiers, et le tiers pour les seconds.

La diversité des opportunités de contact avec la société française et de maîtrise de la langue française suivant le sexe

---

4. La question était formulée ainsi : « S'agit-il surtout de compatriotes ou ex-compatriotes, de Français d'origine, d'originaires d'un autre pays, ou de personnes d'origine variée sans dominante ? » Cette question était articulée avec une précédente demandant : « Est-ce qu'il y a des personnes de votre quartier qui viennent chez vous ou chez qui vous allez ? »

oblige à différencier hommes et femmes dans l'analyse du type de voisins reçus ou visités.

Dans les courants algérien, marocain et noir africain, le regroupement familial a été très incomplet et a laissé en France des hommes mariés vivant seuls, séparés de leur épouse. Ces hommes, dont beaucoup vivent en foyer, évoluent dans un univers assez mono-ethnique, et leurs relations de voisinage sont avant tout communautaires. Si l'on ne tient pas compte de ces hommes, la sociabilité de voisinage perd de sa coloration communautaire : 25 % seulement des visites de voisinage des hommes venus d'Algérie concernent alors des compatriotes et non plus 37 %. Dans le tableau XXXIII, la part de la sociabilité communautaire est calculée après avoir éliminé ces hommes vivant séparés de leur épouse.

TABLEAU XXXIII. — PART DE LA SOCIABILITÉ
DE VOISINAGE COMMUNAUTAIRE (%)

Femmes nées en Turquie	67
Hommes nés en Turquie	56
Femmes nées au Maroc	44
Hommes nés au Sud-Est asiatique	41
Femmes nées au Sud-Est asiatique	40
Femmes nées en Afrique noire	38
Hommes nés au Maroc	33
Femmes nées en Algérie	33
Femmes nées au Portugal	28
Hommes nés en Afrique noire	27
Hommes nés en Algérie	25
Hommes nés au Portugal	22
Hommes et femmes nés en Espagne	10

Nous ne sommes guère étonnés de constater que les femmes nées en Turquie forment le groupe où le repli sur la communauté est le plus développé, ni de trouver celles du Maroc en troisième position par ordre d'importance, juste devant les migrants des deux sexes du Sud-Est asiatique. Une mauvaise maîtrise de la langue française ne leur permet guère d'évoluer dans un voisinage francophone. En revanche, les hommes venus d'Algérie se retrouvent, avec les hommes du Portugal, parmi les moins nombreux à connaître une sociabilité communautaire.

Habitat et sociabilité de voisinage

Le type d'habitat joue un rôle déterminant sur le cercle de relations. C'est dans le parc immobilier le plus dégradé que les concentrations en populations immigrées sont les plus élevées. Quatre populations immigrées sont particulièrement exposées avec près d'un tiers résidant dans ce type de logement : celles originaires du Maroc, d'Algérie, de Turquie et d'Afrique noire [5].

De manière générale, les concentrations en populations immigrées sont fortes dans le parc des logements sociaux où la sociabilité communautaire se développe le plus. La déségrégation de l'habitat se traduit généralement par une diminution de la sociabilité communautaire qui, pour les immigrés du Sud-Est asiatique, passe ainsi de 64 % en HLM à 16 % en maison individuelle, et rejoint alors un niveau voisin de celui observé dans les courants algérien, noir africain et portugais. Le niveau le plus bas de la sociabilité communautaire est atteint par les migrants espagnols en maison individuelle (5 %). Le caractère plus dispersé de leur habitat a ainsi tendance à varier le voisinage et donc leurs relations, mais ils restent, à type d'habitat équivalent, les plus ouverts. En fait, les migrants espagnols habitent la partie du parc de logements sociaux où la concentration en population immigrée est la plus faible : dans le parc HLM dégradé, 30 % vivent dans des quartiers à forte concen-

---

5. Cf. P. Simon, rapport d'enquête.

tration[6] contre, par exemple, 54 % chez les migrants portugais et 78 % chez ceux de Turquie[7].

A l'opposé des migrants espagnols, ceux de Turquie gardent une sociabilité communautaire élevée (43 %) même lorsqu'ils habitent une maison individuelle, et de loin la plus élevée pour ce type d'habitat. L'ouverture à la société française est donc constamment la plus réduite pour ce courant. C'est ce que confime l'examen de la proportion d'immigrés entretenant des rapports privilégiant les Français d'origine, en fonction du type de peuplement du quartier (communautaire, immigré, non immigré). En quartier communautaire, les relations des migrants turcs avec des Français sont rarissimes (2 %), mais elles ne représentent toujours que 23 % de la sociabilité de voisinage en quartier non immigré. Au contraire, pour les migrants d'Algérie, les rapports privilégiés avec des Français d'origine touchent près de la moitié d'entre eux en quartier non immigré, soit un niveau voisin de celui des migrants portugais.

Une bonne maîtrise du français réduit la sociabilité communautaire

Lorsqu'on parle mal le français, les rapports avec des Français d'origine sont très rares, sauf parmi les immigrés d'Espagne, qui sont encore nombreux à recevoir ou visiter des voisins français.

Les immigrés parlant bien le français voient leur sociabilité communautaire réduite à 21 %-26 % dans la majorité des cas. Elle disparaît cependant presque totalement chez les migrants espagnols, mais reste relativement élevée chez ceux du Sud-Est asiatique et surtout de Turquie. Ces der-

---

6. La concentration est forte lorsque la proportion de population vivant dans un ménage à chef immigré dépasse 34 %, et se situe ainsi dans le dernier quartile de la distribution. Cf. P. Simon, rapport d'enquête.

7. Cf. P. Simon, rapport d'enquête.

niers sont encore près de la moitié à privilégier les rapports avec des compatriotes.

Ainsi, aucun effet de structure propre aux populations nées en Turquie ne saurait expliquer la faiblesse des contacts avec la société française. Il s'agit là d'une attitude délibérée que nous avons déjà trouvée sur d'autres registres, qu'il s'agisse des unions ou de la maîtrise du français.

Les familles originaires d'Algérie reçoivent peu

Recevoir à déjeuner ou à dîner chez soi des amis ou collègues reflète une sociabilité plus étendue dépassant à la fois la sphère locale et familiale. Là encore, ce sont les migrants turcs qui affichent la plus grande activité sociale, avec une fréquence de réceptions plus élevée que la moyenne nationale. Elle est également relativement importante parmi les migrants d'Afrique noire et du Maroc, ces derniers recevant autant que la moyenne des Français. Ce type de repas est au contraire peu fréquent chez les immigrés d'Algérie (tableau XXXIV).

TABLEAU XXXIV. — INDICATEUR DE LA FRÉQUENCE DES RÉCEPTIONS À LA MAISON PAR PAYS DE NAISSANCE

	Total
Turquie	1,8
Afrique noire	1,5
Maroc	1,3
France entière	**1,3**
Espagne	1,1
Portugal	1,0
Sud-Est asiatique	1,0
Algérie	0,8

Activité sociale plus importante des jeunes

En général, les réceptions se raréfient avec l'âge : l'indicateur de fréquence de réception passe ainsi de 2,7 à 20-29 ans à 0,9 à 40-59 ans dans l'ensemble de la population française.

Lorsqu'ils sont jeunes, les immigrés de toutes origines, turque comprise, reçoivent nettement moins que la moyenne des Français : deux fois moins pour les originaires d'Algérie, d'Espagne et du Portugal. Cette activité demeure importante chez les migrants marocains et ne baisse pas chez ceux de Turquie à des âges plus élevés. C'est cette permanence de l'activité sociale à des âges où d'habitude on reçoit moins qui explique la fréquence des réceptions chez les immigrés de Turquie, tous âges confondus.

Acculturation culinaire : le mélange des cuisines

Les habitudes de table forment des traits culturels persistants. La proportion d'immigrés faisant surtout de la cuisine française lorsqu'ils reçoivent est forcément faible, une étape préalable consistant surtout en un mélange des cuisines. C'est parmi les immigrés d'Algérie, d'Espagne et du Portugal que les pratiques mélangées sont les plus fréquentes. Ce processus d'inclusion de la cuisine française est le plus avancé parmi les migrants d'Espagne qui la pratiquent, à près de 40 %, lors des réceptions. Mais la cuisine traditionnelle occupe une place encore dominante parmi les immigrés du Maroc, du Sud-Est asiatique et de Turquie (tableau XXXV). Nous retrouvons là une position de retrait déjà observée pour ces trois groupes, en matière d'acculturation, à propos de la carte musicale des jeunes.

Les migrants turcs se retrouvent champions du conservatisme, trois quarts d'entre eux préférant faire de la cuisine traditionnelle lors des réceptions données à la maison : une sociabilité intense à forte composante ethnique ne faci-

TABLEAU XXXV. — PROPORTION D'IMMIGRÉS FAISANT
SURTOUT DE LA CUISINE TRADITIONNELLE
LORS DES RÉCEPTIONS (%)

	Total
Turquie	74
Sud-Est asiatique	66
Maroc	56
Afrique noire	47
Algérie	37
Portugal	25
Espagne	14

lite pas l'intégration des pratiques culinaires françaises.
Pour les immigrés du Sud-Est asiatique, une sociabilité centrée surtout sur la famille et un marché ethnique (offrant des produits traditionnels spécifiques) bien approvisionné favorisent le maintien de leur cuisine qui, on doit bien le reconnaître, est d'une qualité exceptionnelle. Les personnes originaires d'Afrique noire, dont la cuisine est nettement moins réputée, ont plus souvent délaissé leurs habitudes culinaires.

Faible structuration associative des Maghrébins

L'appartenance à une association n'est pas un phénomène facile à saisir. Une question appelant une réponse par oui ou par non ne suffit pas car l'enquêté a tendance à ne pas citer spontanément son appartenance à certaines associations (parents d'élèves, copropriétaires, etc.). Dans l'enquête, nous avons accompagné cette question d'une lecture d'une liste d'associations types, trois d'entre elles pouvant être citées au maximum.

Peu d'immigrés du Maghreb dans les associations

L'analyse de la participation à la vie associative nécessite une distinction suivant le sexe en raison de comportements très différents en la matière : 42 % des hommes et 29 % des femmes en France font partie d'une association. Ce clivage est généralement accentué parmi les immigrés, et notamment ceux de Turquie et d'Afrique noire. Les hommes les plus souvent inscrits dans une association sont ceux d'Afrique noire (45 %, soit un peu plus que la moyenne nationale) et ceux d'Espagne. Les moins souvent inscrits sont ceux d'Algérie et du Maroc.

Les activités de loisir dominent

Dans la liste des associations proposée aux enquêtés, on distingue celles à vocation communautaire, celles à but religieux, celles en rapport avec les activités de la vie sociale et celles relevant des loisirs.

De manière générale, la vie associative en France est dominée par les activités de loisir (clubs sportifs principalement) : 28 % des hommes et 17 % des femmes résidant en France y participent. La position en retrait des femmes tient essentiellement à leur plus faible activité sportive.

C'est aussi le cas des hommes immigrés, à l'exception de ceux venus d'Afrique noire où l'appartenance aux associations de type communautaire est aussi répandue sinon plus (19 % contre 17 % d'associations de loisir). Cette forte participation globale pour l'ensemble des immigrés d'Afrique noire s'accompagne, en fait, d'une grande diversité suivant l'appartenance ethnique : environ un quart des Mandés, Wolofs et Peuhls, 19 % des Bantus et quelques pour cent seulement pour les autres ethnies.

Pour les autres immigrés, toujours moins d'un sur dix appartient à une association communautaire. Même en supposant que, sous l'appellation « club sportif » se cache un certain nombre d'associations de type communautaire, cela n'aboutit pas à une vie associative communautaire très intense. Pour les migrants du Sud-Est asiatique, cette faiblesse s'explique assez bien par l'existence d'un dispositif d'accueil des réfugiés qui s'est substitué au réseau associatif communautaire qui aurait pu se développer sur ce créneau [8] et, pour les Chinois, par des modes de regroupement qui leur sont propres, généralement fondés sur l'association financière (tontines...) [9].

La participation à une association semble particulièrement faible parmi les migrants portugais (5 %), dont on a tellement vanté le réseau associatif. Même en supposant que la moitié des clubs sportifs dont ils font partie soient portugais, 10 % seulement appartiendraient alors à une association communautaire. Certes, l'importance de la population des adhérents ne peut rendre complètement compte du rôle des associations portugaises, très actives et au public beaucoup plus large [10]. Mais leur grande visibilité a probablement aussi tendance à faire surestimer l'importance de l'associatif dans l'organisation de la solidarité portugaise, au détriment des réseaux familiaux.

La participation à une association centrée sur les activités en rapport avec la vie en France (parents d'élèves, locataires, syndicats, etc.) est relativement rare parmi les immigrés, plus rare que dans la population française. Les associations religieuses, auxquelles les hommes en France participent très peu, occupent également peu de place dans la vie des immigrés. Les plus engagés sont les immigrés de Turquie, avec seulement 4 % d'adhérents, et d'Afrique noire (6 %). Quant aux immigrés originaires d'Algérie ou du Maroc, ils font aussi peu partie de ce genre d'association que la moyenne des Français.

---

8. M. GUILLON et I. TABOADA-LÉONETTI, *Le Triangle de Choisy, un quartier chinois à Paris*, CIEMI / L'Harmattan, Paris, 1986.

9. F. BONVIN et F. PONCHAUD, *Réfugiés du Sud-Est asiatique : leur insertion en région parisienne*, rapport pour le FORS, avril 1980.

10. M. CATANI et S. PALIDA, *Le Rôle du mouvement associatif dans l'évolution des communautés immigrées*, étude réalisée pour le compte du FAS et de la DPM, 1987.

Pour les femmes, le faible engagement associatif est général. Seules les femmes nées en Espagne se détachent un peu du lot : 9 % sont inscrites à des associations de loisir et 7 % à celles s'intéressant à la vie sociale. En moyenne, en France, les femmes font plus souvent partie d'une association religieuse que les hommes. A l'exception des femmes d'Afrique noire ou de Turquie, les femmes immigrées sont toujours en retrait dans ce domaine.

Comme la pratique religieuse, le faible engagement dans des associations religieuses ne semble guère propice à un militantisme religieux très actif.

Jeunes d'origine étrangère : réduction de la sociabilité communautaire

Les jeunes d'origine algérienne, espagnole ou portugaise présentent une sociabilité tout à fait comparable à celle des jeunes Français, avec cependant des relations de voisinage plus développées, notamment chez les jeunes d'origine algérienne. Parmi ces derniers, les hommes fréquentent un peu plus souvent les cafés que la moyenne nationale.

Un grand mélange caractérise les relations sociales

Lorsqu'ils font partie d'une association, c'est presque toujours pour pratiquer un loisir ; les participations à des associations religieuses ou communautaires sont rarissimes. Même les jeunes d'origine portugaise nés en France ne sont que 3 % à faire partie d'une association communautaire.

Les relations de voisinage à dominante communautaire occupent une place réduite chez les jeunes d'origine étrangère. Cependant, elles regroupent encore respectivement 18 % et 11 % des jeunes nés de deux parents venus d'Algérie ou du Portugal. Ce type de sociabilité est cependant en régression par rapport aux immigrés de même origine où elle était presque deux fois plus forte.

Les jeunes nés dans un couple mixte rencontrent surtout des Français d'origine. Pour les autres, ils ne le font guère plus que les immigrés. L'affaiblissement de la place des relations communautaires dans les rapports de voisinage des jeunes d'origine étrangère, relativement aux immigrés, s'est réalisée surtout au profit d'une sociabilité mélangée sans dominante particulière. L'acculturation que connaissent ces jeunes ne se résout ni à une absorption par le groupe dominant, ni à un repli identitaire, mais emprunte une troisième voie avec la création de « communautés non communautaires » adeptes de la « culture banlieue ».

Composition ethnique des quartiers et origine des voisins fréquentés

Lorsque les jeunes d'origine algérienne habitent un quartier non immigré, les rapports de voisinage avec des gens de même origine sont très peu nombreux et aussi peu fréquents que parmi les jeunes gens d'origine portugaise. La proportion de jeunes d'origine algérienne connaissant une sociabilité communautaire passe ainsi de 25 % dans les quartiers communautaires à 11 % dans les quartiers immigrés, pour n'être plus que de 7 % dans les quartiers non immigrés. Les jeunes d'origine portugaise ou espagnole suivent des évolutions parallèles. Cette régression de la sociabilité communautaire avec la déségrégation de l'habitat se réalise surtout au profit d'une sociabilité mélangée. Cependant, même dans les quartiers non immigrés, la part des relations de voisinage privilégiant les Français d'origine est nettement moins importante parmi les jeunes d'origine algérienne (un bon tiers) que chez ceux d'origine espagnole ou portugaise (environ la moitié). Si l'on ajoute à cela que les premiers habitent plus souvent des quartiers communautaires, on explique aisément la moindre extension de leur sociabilité aux Français d'origine.

Par rapport aux immigrés, à type de quartier équivalent, la sociabilité des jeunes nés en France apparaît plus mélangée, mais les relations exclusives avec des Français d'origine n'ont guère progressé.

Forte acculturation culinaire

Lorsqu'ils reçoivent des amis à dîner ou à déjeuner, les jeunes d'origine étrangère émancipés sont peu nombreux à montrer une prédilection pour la cuisine traditionnelle du pays des parents. Cette situation entérine une forte évolution par rapport à celle qui prévaut chez les immigrés : 6 % de cuisine traditionnelle contre 35 % pour le courant algérien, respectivement 4 % contre 25 % pour celui du Portugal et 6 % contre 14 % pour celui d'Espagne. Les jeunes nés d'un couple mixte ont des pratiques culinaires proches de celles de la moyenne des Français : deux tiers font surtout de cuisine française (tableau XXXVI), les

TABLEAU XXXVI. — PROPORTION DE JEUNES D'ORIGINE
ÉTRANGÈRE FAISANT DE LA CUISINE FRANÇAISE
LORS DES RÉCEPTIONS (%)
Champ : jeunes ayant quitté le foyer des parents

	Hommes	*Femmes*
Nés dans une union mixte	68	66
Nés de deux parents nés au Portugal	62	47
Nés de deux parents nés en Espagne	48	52
Nés de deux parents nés en Algérie	63	31

autres l'alternent avec d'autres cuisines. La moitié des jeunes d'origine espagnole des deux sexes choisissent la cuisine française lors des réceptions à la maison. Chez les jeunes gens d'origine algérienne ou portugaise, on fait de la cuisine française lors des réceptions dans deux cas sur trois. L'alternance des cuisines est beaucoup plus pratiquée chez les jeunes femmes de même origine. En effet, ce n'est plus que la moitié des jeunes femmes d'origine portugaise et un petit tiers des jeunes femmes d'origine algérienne qui préparent des mets français lorsqu'elles reçoivent à la maison. Ces distorsions suivant le sexe reflètent, faut-il le rappeler, la place décisive des femmes dans la préparation des repas, et la plus grande fréquence des unions mixtes chez les hommes d'origine portugaise ou algérienne.

6

Scolarisation : aspirations des familles et performances des enfants

La plupart des études faites sur les immigrés ou leurs enfants ont le gros désavantage de les considérer en bloc, d'après leur nationalité, comme si le fait d'être étranger leur conférait une homogénéité. La nationalité précise ne joue alors que le rôle de variable secondaire. Or, non seulement la nationalité n'est pas un critère satisfaisant pour repérer les immigrés, *a fortiori* les enfants d'immigrés[1], mais les populations sont très hétérogènes, et ce principalement dans les attentes des familles.

Une étude récente du ministère de l'Éducation nationale[2] suggère que l'orientation en seconde serait plus fréquente dans les familles immigrées, toutes choses égales par ailleurs, que dans les autres familles, en raison d'aspirations

---

1. Comme on l'a vu en introduction.
2. L.A. VALLET, J.-P. CAILLE, « Les élèves étrangers ou issus de l'immigration dans l'école et le collège français. Une étude d'ensemble », *Les Dossiers d'éducation et formation*, DEP, à paraître. Une synthèse de ces résultats figurera également dans le quatrième rapport du Haut Conseil à l'intégration, 1995.

plus grandes. Si le résultat est intéressant en soi, il globalise une situation fortement hétérogène.

Une grande distinction doit également être opérée entre les courants migratoires selon que les familles considèrent *également* l'avenir de leurs enfants, filles ou garçons. Si beaucoup sont originaires de pays où l'analphabétisme est toujours plus accentué chez les femmes, quelles sont leurs aspirations pour leurs filles éduquées en France ?

Enfin, la prise en compte de l'origine sociale des enfants scolarisés en France permet de moduler les conclusions habituelles d'une égalité de performances à niveau social équivalent. L'arrivée ou la naissance en France de jeunes enfants ayant une langue de référence étrangère les placent souvent dans une situation de bilinguisme dont il conviendrait de vérifier la nature des effets qu'il produit. Le bon sens tend à admettre l'existence d'un handicap lié à cette situation et à croire que les efforts faits par les parents pour parler français à leurs enfants ne peuvent qu'avoir des effets bénéfiques sur la scolarité des enfants. L'enquête indique une réalité plus complexe.

Bilan du niveau scolaire des parents

Pour comprendre l'état d'esprit des familles face à la scolarisation de leurs enfants, il faut revenir aux migrants entrés adultes il y a déjà quelque temps, c'est-à dire, *grosso modo*, à la génération des parents.

Si la plupart des migrants espagnols ou portugais ont été scolarisés, ils ont un niveau scolaire extrêmement bas. Cette situation provient d'une sortie extrêmement précoce de l'école.

C'est le cas des migrants espagnols arrivés en France dans les années soixante et jusqu'au début des années soixante-dix. Ainsi, à 14 ans, 19 % seulement des hommes arrivés avant 1965 étaient encore scolarisés (25 % des femmes) contre encore plus de la moitié des Français et deux tiers des Françaises ayant aujourd'hui 50-59 ans. Dans les années d'entrée postérieures (1965-1974), la situation s'était un peu améliorée (respectivement 29 % et 38 % à comparer aux deux tiers des Français et trois quarts des Françaises âgés aujourd'hui de 40-49 ans).

Le bagage scolaire des migrants portugais adultes est encore plus limité[3] : seulement 9 % des hommes et 3 % des femmes arrivés avant 1975 (c'est-à-dire l'essentiel des flux) étaient encore à l'école à 14 ans ! Dans les années de migration postérieures, la situation est meilleure, mais la scolarité encore extrêmement courte : respectivement 15 % et 27 % étaient encore scolarisés à 14 ans.

Les familles, dans les régions de Turquie dont sont originaires les immigrés de France, ont envoyé moins souvent leurs filles à l'école que leurs garçons. Ces derniers ont presque tous été scolarisés, mais très rarement au-delà de 16 ans : 13 % des hommes arrivés avant 1975 étaient encore en classe à cet âge, 32 % de ceux venus ensuite. Pour les femmes, près d'un tiers n'a jamais mis les pieds dans une école et leur scolarité s'est terminée encore plus tôt : 37 % seulement de celles venues après 1975 et qui sont allées à l'école en Turquie y étaient encore à l'âge de 12 ans. Ainsi, la génération des parents venus de Turquie est marquée par une scolarisation à la fois courte et inégalitaire.

Le cas des migrants d'Algérie et du Maroc se présente ainsi : la couverture scolaire a été longtemps très faible et beaucoup n'ont tout simplement pas pu aller à l'école. Dans un tel contexte, les femmes plus que les hommes ont pâti de la situation : 75 % des femmes venues d'Algérie avant 1965 après l'âge de 15 ans n'ont pas été scolarisés contre 54 % des hommes. Même pour les années postérieures, et jusqu'au milieu des années soixante-dix, l'analphabétisme est resté important. La situation est très voisine pour les

---

3. La médiocrité de l'alphabétisation au Portugal est bien connue ; elle a même été longtemps en retard sur la Thaïlande. En 1970, on comptait 29 % d'analphabètes au Portugal contre 21 % en Thaïlande. Cf. E. TODD, *L'Enfance du monde. Structures familiales et développement*, Le Seuil, Paris, 1984.

migrants marocains. Lorsqu'ils sont allés à l'école, les uns comme les autres n'y sont guère allés au-delà de 16 ans.

Avec les arrivées plus récentes des migrants du Sud-Est asiatique et d'Afrique noire, nous avons des parents dont l'origine sociale est en moyenne plus élevée que celle habituellement rencontrée. La bipolarisation de l'immigration africaine entre un flux de travailleurs ruraux et analphabètes et un flux d'étrangers de haut niveau social a été soulignée à plusieurs reprises. Cette dernière catégorie domine largement puisque 22 % seulement des migrants d'Afrique noire ne sont pas allés à l'école. Pour les autres, ils ont poursuivi leurs études tardivement, près de 60 % étaient encore scolarisés à 20 ans. D'ailleurs beaucoup d'entre eux ont terminé leurs études en France (55 % environ). Il y a encore trop peu de jeunes adultes élevés en France pour qu'on puisse raisonnablement conclure sur la scolarisation des enfants des familles venues d'Afrique noire.

Les migrants adultes venus du Sud-Est asiatique ont certes presque tous été scolarisés avant d'arriver en France et la proportion d'encore scolarisés à 20 ans est voisine de celle qui caractérise les Français de 30-39 ans, pour les hommes. Les femmes ont quitté l'école un peu plus tôt et, à 20 ans, elles étaient encore aussi nombreuses à être scolariées que les Françaises âgées aujourd'hui de 40-49 ans.

Aspirations des familles et niveau scolaire des migrants enfants

Les enfants nés à l'étranger et ensuite scolarisés en France, connaissent des conditions moins favorables, *a priori* que ceux nés en France : leur scolarité a quelquefois commencé dans leur pays d'origine et beaucoup ont dû apprendre une nouvelle langue.

L'âge de sortie de l'école ne saurait constituer, en soi, un indicateur de réussite scolaire : si des sorties précoces laissent supposer un niveau relativement bas, quitter l'école tardivement ne garantit pas forcément une plus grande réussite. Il faut donc nuancer l'interprétation de l'âge de fin d'études par l'examen des niveaux scolaires ainsi atteints.

Cependant, cet âge peut servir à mesurer les espoirs que fondent les familles dans l'école. Certaines n'hésiteront pas à retirer leurs enfants assez tôt ou à les orienter sur des filières courtes en cas de difficultés : elles visent une insertion professionnelle rapide. D'autres, au contraire, pensent que la réussite scolaire est le meilleur atout pour l'insertion professionnelle de leurs enfants et les laissent fréquenter l'école plus longtemps.

Sortie précoce des enfants de migrants espagnols, portugais ou turcs

Les migrants espagnols entrés avant l'âge de 6 ans et ayant effectué toute leur scolarité en France ne se distinguent guère de la moyenne des Français âgés de 30-39 ans actuellement : les filles sont seulement un peu moins nombreuses à pousser leurs études au-delà de 20 ans. Le niveau scolaire atteint est finalement tout à fait comparable, au moins pour les hommes : 20 % sont allés dans l'enseignement supérieur. Les femmes se sont plus souvent arrêtées au secondaire, en raison vraisemblablement d'un mariage précoce.

Ceux qui sont arrivés en France un peu plus âgés sont sortis de l'école beaucoup plus tôt, et d'autant plus que leur âge à l'entrée était élevé : 57 % des jeunes venus en France avant l'âge de 6 ans avant 1965 étaient encore scolarisés à 17 ans contre 40 % seulement de ceux venus à 6-9 ans et 27 % de ceux entrés après. Pour ces derniers, arrivés quelquefois juste à l'âge où l'on commence à travailler, 15 % des garçons et 18 % des filles ne sont pas allés à l'école en France. Au total, plus l'âge au moment de l'entrée en France est élevé, plus les niveaux atteints sont faibles : plus de parcours s'achèvent dans le primaire ou les classes de mise à niveau et très rarement dans l'enseignement supérieur.

Pour les enfants de migrants portugais, bien que leur arrivée se soit faite dans des années où la scolarisation s'était nettement allongée en France, la scolarité a été en moyenne encore plus courte : moins d'études supérieures et plus d'orientations en filières techniques courtes. Là encore, plus les enfants étaient âgés à leur arrivée en France, plus la formation a été abrégée et peu valorisante (environ 20 % de ceux entrés à l'âge de 10-15 ans n'ont pas repris l'école en France).

La scolarisation très inégalitaire repérée chez les migrants adultes turcs marque aussi leurs enfants. Alors que les garçons entrés avant l'âge de 16 ans après 1975 ont un profil voisin des migrants portugais arrivés en France à 6-9 ans, les filles se trouvent nettement défavorisées. D'ailleurs, l'entrée des filles à l'école a plus souvent coïncidé avec l'arrivée en France. A 17 ans, environ un tiers des filles arrivées avant l'âge de 10 ans après 1975 vont encore en classe contre les deux tiers des garçons ; rappelons qu'en moyenne, en France, la fréquentation scolaire à cet âge est voisine des trois quarts.

On observe le même effet négatif de l'âge élevé à la migration des enfants que pour les courants portugais et espagnol. Globalement, l'impact est plus négatif pour les enfants de Turquie et du Portugal qui sont entrés relativement âgés.

Les niveaux scolaires atteints sont généralement bas, mais les garçons arrivés avant l'âge de 10 ans après 1975 ont des performances voisines des enfants venus du Portugal quelques années auparavant : la moitié ont suivi une formation technique courte et 14 % atteignent l'enseignement supérieur. Les garçons entrés un peu plus âgés sont nombreux à n'avoir pas repris le chemin de l'école à leur arrivée en France (29 %), ont plus souvent terminé leur scolarité dans une classe de mise à niveau (un sur cinq) ou dans un collège (à peu près autant), les autres ayant été orientés sur des formations professionnelles courtes.

Le niveau des filles est encore beaucoup plus bas et l'accès à l'enseignement supérieur rarissime. Lorsqu'elles sont arrivées assez jeunes, elles ont eu la possibilité d'acquérir une certaine formation (environ 40 % ont suivi une filière technique courte), mais un tiers a terminé ses études au collège (contre 13 % seulement des garçons). Lorsque leurs parents les ont fait venir alors qu'elles avaient plus de 9 ans, le bilan scolaire est catastrophique : 11 % n'ont pas repris l'école, près de 70 % ont terminé leur scolarité dans une classe de mise à niveau ou au collège, contre un peu moins de 40 % des garçons, chiffres à comparer aux 10 % de moyenne nationale en France.

En fait, les familles turques ne semblent imaginer d'avenir professionnel que pour leurs fils. D'ailleurs, le regroupement familial qui est intervenu alors que les enfants n'étaient plus tout jeunes a privilégié les garçons[4], dont certains sont entrés directement sur le marché du travail sans aller du tout à l'école en France. Si très peu ont fait des études supérieures, qu'il s'agisse des filles ou des garçons, ces derniers s'en sortent mieux car ils ont généralement acquis une formation professionnelle technique courte. Les filles se retrouvent plus souvent sans formation réelle.

Scolarité plus longue des jeunes venus du Maroc ou d'Algérie

La situation des enfants des familles venues d'Algérie avant 1965 est peu enviable : ils sont arrivés pendant ou juste après la guerre. Très peu ont accédé à l'enseignement supérieur. Ceux qui ont eu la chance d'arriver très jeunes en France sont allés « normalement » à l'école et y ont acquis un faible bagage scolaire, généralement technique. La situation des enfants venus entre 6 et 15 ans a été encore

---

4. Il est entré 1,8 fois plus de garçons de moins de 16 ans que de filles.

plus difficile et plus spécialement chez les filles. En effet, un nombre non négligeable d'entre eux ne sont pas envoyés à l'école à leur arrivée en France. Dans ce cas, les garçons n'améliorent donc pas le petit bagage scolaire qu'ils ont acquis en Algérie (près d'un sur cinq) et 8 % ne seront jamais allés à l'école. Dans la même éventualité, les filles restent totalement ignorantes car elles n'ont pas été en classe en Algérie (21 %). D'ailleurs, pour celles qui vont fréquenter l'école à leur arrivée en France, 15 % environ y débutent leur scolarité. Ces enfants ont quitté l'école assez rapidement avec un niveau de formation encore inférieur à celui de leurs cadets (cadettes) : un tiers de ceux qui sont allés à l'école en France en sortiront avec un niveau primaire. Mais rien n'indique que les parents aient eu une attitude plus vigilante vis-à-vis des garçons.

Les migrants arrivés avant l'âge de 6 ans en 1965-1974 ont quitté l'école assez tard et à peu près comme la moyenne nationale : environ 40 % vont encore à l'école à l'âge de 20 ans. Les enfants plus âgés arrivés après 1975 sont sortis un peu plus souvent à 16 ans, mais 35 % sont encore scolarisés à 20 ans.

Le niveau scolaire de ceux arrivés avant l'âge d'entrée dans le primaire n'est que légèrement inférieur à la moyenne nationale des jeunes âgés de 20-29 ans : ils sont environ 30 % à avoir entrepris des études supérieures (contre 32 % en moyenne en France).

Les enfants de familles venues du Maroc après 1975 ayant 20 ans ou plus ne sont pas encore très nombreux. Les informations sur l'âge de sortie d'école indiquent un profil voisin de celui des enfants de migrants algériens, à ceci près que les femmes quitteraient l'école un peu plus tôt. Le niveau scolaire semble un peu inférieur à celui des migrants enfants venus d'Algérie après 1975, lorsque l'entrée a été précoce.

Très belle réussite scolaire des enfants des familles venues du Sud-Est asiatique : une réalité à la hauteur de la légende

Ces enfants poursuivent leurs études beaucoup plus loin : ainsi, deux tiers des jeunes gens et 80 % des jeunes femmes arrivés avant l'âge de 10 ans sont encore scolarisés à 20 ans.

Les enfants entrés plus âgés connaissent un peu plus de difficultés, mais toutes relatives, puisqu'ils sont encore scolarisés à 20 ans comme la moyenne des Français. A la date de l'enquête, une proportion de garçons voisine de la moyenne nationale a atteint l'enseignement supérieur.

Les niveaux scolaires atteints sont très élevés, surtout lorsque les enfants ne sont pas entrés en France trop âgés (avant 10 ans) : moins de 20 % suivent une filière technique et la moitié accèdent à l'enseignement supérieur. Ceux qui sont arrivés après l'âge de 9 ans se retrouvent plus souvent avec un niveau « collège » que la moyenne nationale (18 % contre 9 %), et les filles ont moins souvent fréquenté l'enseignement supérieur (20 % contre 35 %). Seules les filles ont fait l'objet d'une orientation assez systématique sur les filières techniques courtes (44 %).

Durée des études et niveau scolaire des jeunes d'origine étrangère

Bien sûr, ce sont les jeunes nés en France qui méritent toute notre attention car ils sont alors dans des conditions de scolarisation identiques à celle des jeunes Français.

Sortie plus tardive des garçons d'origine algérienne

Chez les garçons d'origine espagnole, les sorties d'école se font un peu plus précoces, dès 16 ans, mais, finalement, à 20 ans, 24 % sont encore à l'école (28 % lorsque le couple parental est franco-espagnol) contre 37 % de l'ensemble des jeunes en France du même âge. Les filles sont, au contraire, dans une situation beaucoup plus proche de la moyenne nationale : à 20 ans, 34 % sont encore scolarisées. Les garçons d'origine portugaise ont un profil de sortie tout à fait voisin des précédents. Quant aux jeunes d'origine algérienne, ils connaissent un profil similaire à la moyenne des Français, les garçons sortant cependant un peu plus à 16 ans que les filles. D'une manière générale, le profil des filles d'immigrés est assez voisin de la moyenne nationale. Pour les garçons, cela n'est vrai que des jeunes d'origine algérienne.

Lorsqu'on ne retient que les jeunes de 25-29 ans, pour savoir comment cela se passe au-delà de 20 ans, il est clair que les jeunes gens d'origine algérienne font des études plus longues : à 23 ans, 14 % sont encore scolarisés (comme la moyenne des jeunes Français du même âge) contre 9 % pour ceux d'origine espagnole et 6 % seulement pour ceux d'origine portugaise. La position des jeunes filles d'origine espagnole reste collée à la moyenne nationale.

Si la durée des études un peu plus longue des garçons d'origine algérienne indique une volonté plus forte des parents de conduire leurs enfants plus loin dans leurs études, elle ne traduit pas forcément une plus grande réussite. Une première indication nous est fournie par la fréquence des redoublements.

Les jeunes d'origine algérienne sont ceux qui redoublent le plus

Les fils et les filles des migrants algériens connaissent une fréquence des redoublements de classe un peu supérieure à 1,4[5] contre une moyenne nationale de respectivement 1,08 pour les garçons et 0,96 pour les filles : de ce point de vue, les filles ne se débrouillent pas mieux que les garçons. La fréquence des redoublements chez les jeunes d'origine portugaise est presque aussi élevée (1,43 pour les filles

---

5. Ce qui veut dire qu'ils ont redoublé, en moyenne, 1,4 classe.

et 1,31 pour les garçons). Les garçons d'origine espagnole ne font guère mieux (1,26). En revanche, les filles de même origine redoublent moins souvent et pratiquement aussi peu que l'ensemble des jeunes Françaises (1,08 contre 0,96).

Les premiers redoublements se produisent plus tôt chez les jeunes d'origine étrangère : près des deux tiers des jeunes d'origine algérienne ou portugaise ont ainsi redoublé une classe du primaire contre environ 40 % en moyenne en France. Les redoublements sont un peu moins précoces chez les jeunes femmes d'origine espagnole. En dépit d'une scolarité difficile, la persévérance des familles venues d'Algérie, dont les parents n'ont assez souvent pas eu la chance de fréquenter l'école, explique une sortie de l'école plus tardive, mais ne semble pas conduire les enfants aux résultats espérés.

Des niveaux scolaires très nettement inférieurs à la moyenne nationale sauf chez les jeunes filles d'origine espagnole

La durée plus longue des études menées par les garçons d'origine algérienne n'a pas abouti à un bagage scolaire plus élevé que les autres. Comme l'indiquent les niveaux des jeunes de 20-29 ans encore scolarisés à la date de l'enquête, ils sont encore beaucoup plus souvent dans le secondaire ou dans une section technique que les jeunes d'origine espagnole, par exemple, ou la moyenne des jeunes en France. A cet âge, ces derniers se trouvent plus souvent dans l'enseignement supérieur.

Avec les jeunes gens d'origine espagnole, les fils et les filles de migrants algériens ont en majorité suivi une filière technique courte et n'ont que faiblement accédé à l'enseignement supérieur : les fils des familles venues d'Algérie étant un peu moins nombreux dans ce dernier cycle[6] (tableau XXXVII). Contre toute attente, les jeunes nés en

---

6. Il s'agit là des jeunes âgés de 25-29 ans dont tous ont dépassé le niveau du bac, lorsqu'ils poursuivent leurs études.

France dans des familles immigrées venues d'Algérie ont ainsi nettement moins bien réussi que ceux arrivés très jeunes en 1965-1974. Doit-on y voir les effets d'une motivation plus solide ?

TABLEAU XXXVII. — RÉPARTITION PAR NIVEAU SCOLAIRE DES JEUNES D'ORIGINE ÉTRANGÈRE DE 25-29 ANS, SUIVANT LE PAYS DE NAISSANCE DE LEURS PARENTS ET MOYENNE NATIONALE (%)

	Algérie	*Espagne*	*Portugal*	*France entière*
HOMMES				
Primaire	1	0	0	0
Mise à niveau	3	1	2	2
Collège	11	11	13	13
Technique court	54	56	62	40
Lycée général ou professionnel	14	12	4	19
Supérieur	17	20	19	26
FEMMES				
Primaire	1	0	0	1
Mise à niveau	8	2	7	4
Collège	11	8	7	7
Technique court	50	37	61	28
Lycée général ou professionnel	19	18	9	25
Supérieur	21	35	16	35

Les jeunes d'origine portugaise ont été orientés encore plus fréquemment sur les filières courtes (deux tiers) ; ils sont moins nombreux à avoir un niveau secondaire, mais ont accédé au supérieur à peu près comme les fils de migrants algériens.

Seules les jeunes filles d'origine espagnole ont des niveaux comparables à la moyenne nationale (35 % ont un niveau supérieur au bac) ; elles ont cependant un peu plus souvent suivi une filière technique courte.

Des diplômes en rapport avec les niveaux scolaires

Les jeunes d'origine algérienne comptent plus de non-diplômés que la moyenne des jeunes Français, et une petite moitié dispose d'un diplôme technique. Moins d'un quart ont eu leur bac contre 36 % des garçons et 44 % des filles en moyenne en France. Les jeunes d'origine portugaise se trouvent dans une situation voisine, à ceci près que les filles, lorsqu'elles ont décroché leur baccalauréat, ont plus souvent obtenu aussi un diplôme supérieur (tableau XXXVIII). Les jeunes gens d'origine algérienne

TABLEAU XXXVIII. — RÉPARTITION PAR NIVEAU
DE DIPLÔME DES JEUNES D'ORIGINE ÉTRANGÈRE DE 25-29 ANS,
SUIVANT LE PAYS DE NAISSANCE DE LEURS PARENTS
ET MOYENNE NATIONALE (%)

	Algérie	Espagne	Portugal	France entière
HOMMES				
Sans diplôme	23	18	23	16
BEPC	9	7	8	10
CAP, BEP	45	50	47	38
Bac général ou professionnel	9	6	8	14
Diplôme du supérieur	14	19	14	22
FEMMES				
Sans diplôme	16	11	16	10
BEPC	10	6	7	21
CAP, BEP	50	39	53	25
Bac général ou professionnel	11	17	4	19
Diplôme du supérieur	13	27	20	25

sans diplôme ont plus souvent reçu une formation généraliste que les jeunes d'origine portugaise qui, lorsqu'ils n'ont pas de diplôme, ont plus souvent échoué à leur CAP ou BEP. Les différences sont cependant plus ténues que des études précédentes ne le laissaient penser : nous avons trop souvent interprété les écarts de durée de scolarité entre jeunes d'origine portugaise et jeunes d'origine algérienne comme reflétant une orientation systématique sur le technique court pour les premiers et une orientation sur le lycée pour les seconds[7] ; dans les deux cas les filières techniques dominent.

Au total, si les performances scolaires des jeunes d'origine algérienne sont voisines de celles des fils et des filles de migrants portugais, elles traduisent probablement deux réalités assez différentes : non-concrétisation des fortes aspirations des familles et donc un certain échec pour les premiers, plus faibles aspirations des parents qui eux-mêmes avaient quitté très tôt l'école pour les seconds.

Manifestement, dans les familles venues d'Espagne, les garçons, plus souvent que les filles orientés sur des filières techniques, bénéficient surtout de diplômes professionnels : la moitié ont un CAP ou BEP contre 39 % des filles seulement. Alors qu'en visant les filières courtes les parents des jeunes d'origine portugaise ont cherché une entrée rapide sur le marché du travail, pour leurs garçons comme pour leurs filles, ceux venus d'Espagne n'ont appliqué cette stratégie que pour les garçons. Sans projet professionnel précis pour les filles, les parents les ont laissées poursuivre leurs études : comme les autres jeunes Françaises, 44 % ont réussi leur baccalauréat, et 27 % ont décroché un diplôme de l'enseignement supérieur.

Handicap social aux performances des jeunes d'origine étrangère

Cet état d'esprit visant à donner un métier aux garçons tout en manifestant une moindre attention à l'avenir professionnel des filles marque également la classe ouvrière française : 56 % des jeunes gens ont suivi une filière pro-

---

7. M. Tribalat, *Cent Ans d'immigration. Étrangers d'hier, Français d'aujourd'hui*, INED/PUF, Paris, 1991.

fessionnelle courte contre 32 % des filles seulement ; ces dernières ont non seulement plus souvent fréquenté le lycée mais également plus souvent conduit des études supérieures (29 % contre 14 % des garçons ; cf. tableau XXXIX).

TABLEAU XXXIX. — RÉPARTITION PAR NIVEAU SCOLAIRE
DES JEUNES D'ORIGINE ÉTRANGÈRE DE 25-29 ANS,
SUIVANT LE PAYS DE NAISSANCE DE LEURS PARENTS
ET MOYENNE NATIONALE (%)
ENFANTS D'OUVRIERS

	Algérie	*Espagne*	*Portugal*	*France entière*
HOMMES				
Primaire	1	0	0	0
Mise à niveau	3	2	3	0
Collège	12	10	13	19
Technique court	54	65	65	56
Lycée général ou professionnel	15	4	3	11
Supérieur	15	19	16	14
FEMMES				
Primaire	0	0	0	0
Mise à niveau	8	3	5	9
Collège	11	8	8	11
Technique court	52	39	63	32
Lycée général ou professionnel	8	20	11	19
Supérieur	21	30	13	29

Les fils des familles venues d'Algérie ont un profil très proche de celui-ci. Les filles, tout en faisant légèrement mieux que leurs frères, ont des niveaux scolaires qui restent cependant très inférieurs à la moyenne nationale. Compte tenu de l'avantage relatif des filles d'ouvriers sur les garçons dans la classe ouvrière française, ceux d'origine algérienne font aussi bien que les Français de même catégorie sociale, alors que les filles réussissent nettement moins bien que les Françaises de même milieu social. D'une certaine manière, contrairement au mythe français qui pare ces jeunes filles de tous les avantages, leurs performances sont relativement moins bonnes que celles des garçons.

Il nous faut faire ici une digression sur le sens des catégories sociales. Les immigrés qui viennent d'un monde rural souffrant d'une mauvaise couverture scolaire et qui sont devenus ouvriers de l'industrie française ne sont guère comparables aux ouvriers français pères des jeunes d'aujourd'hui, qui ont subi la sélection du système scolaire, mais qui, au moins, ont tous été scolarisés. Les familles immigrées vivent donc, en accéléré, un processus d'habitude plus progressif. Le raisonnement « toutes choses égales par ailleurs » rencontre ici ses limites : on ne trouve plus aucun ouvrier né en France n'ayant jamais fréquenté l'école, alors qu'ils sont relativement nombreux dans certaines catégories d'ouvriers immigrés, notamment ceux d'Algérie. L'équivalence des performances des jeunes d'origine algérienne *de père ouvrier* à celles des jeunes hommes français de même catégorie sociale pourrait même s'interpréter comme une supériorité, compte tenu du handicap lié à l'illettrisme plus grand de leurs parents, et notamment de la mère. Les études du ministère de l'Éducation nationale montrent l'importance du bagage scolaire de la mère dans la réussite scolaire des enfants[8].

Ce raisonnement ne s'applique plus guère aux ouvriers originaires du Portugal ou d'Espagne, en raison d'une scolarisation exhaustive. Les deux tiers des jeunes d'origine portugaise de père ouvrier ont été orientés sur les filières techniques courtes, les garçons comme les filles. Dans les deux cas, l'accès à l'enseignement supérieur reste aussi exceptionnel (16 %) que pour l'ensemble des fils d'ouvriers en France.

Si les garçons d'origine espagnole de père ouvrier ont un profil scolaire voisin des enfants d'ouvriers en France, on retrouve la position singulière des filles qui réussissent

---

8. Cf. L. A. Vallet et J.-P. Caille, *op. cit.*

mieux que les garçons et aussi bien que la moyenne des filles en France de même catégorie sociale.

Influence de la langue parlée avec les parents

Si parler seulement en français à ses enfants dénote probablement une volonté forte des parents de faire au mieux pour leurs enfants et favoriser ainsi leur réussite scolaire, il n'est pas sûr que ce soit toujours un facteur de réussite. Tout dépend probablement de la manière dont le choix de la langue que l'on parle avec ses enfants se combine avec le niveau social et le plus ou moins grand degré d'illettrisme des parents. Nous n'avons pas d'information directe sur ce dernier facteur, mais nous pouvons au moins tenir compte de la catégorie sociale.

L'examen des niveaux scolaires des jeunes d'origine espagnole ou algérienne actuellement âgés de 25-29 ans en fonction de la langue parlée à la maison, toutes catégories sociales confondues, contredit déjà l'idée d'une relation simple. Les jeunes d'origine algérienne parviennent dans l'enseignement supérieur dans une proportion voisine, que la langue d'usage à la maison soit le français ou le français en alternance avec la langue d'origine. Globalement, la scolarité des premiers semble cependant un peu meilleure : ils sont moins nombreux à avoir arrêté leurs études au niveau du collège. Dans leur cas, l'usage exclusif du français aurait plutôt un impact positif mais faible. Ce n'est plus le cas des jeunes d'origine espagnole pour lesquels le bilinguisme dans la communication entre parents et enfants conduit à des niveaux nettement meilleurs : moins de spécialisation professionnelle courte et plus large accès à l'enseignement supérieur (33 %, contre 25 % en cas d'usage exclusif du français et 21 % en cas d'usage exclusif de l'espagnol).

La prise en compte de la catégorie sociale ne change pas vraiment le sens des relations entre langue d'usage et niveau scolaire : on observe toujours un plus grand avantage des enfants d'origine espagnole en situation de bilinguisme, et un très léger avantage des jeunes d'origine algérienne qui parlent seulement en français avec leurs parents. Ces derniers sont probablement ceux qui maîtrisent le mieux le français, parce que *mieux scolarisés* et scolarisés *en français*. Les écarts de maîtrise et d'usage du français reflèteraient alors des différences de niveaux scolaires.

Si ces résultats invalident les thèses simplistes sur un avantage supposé de l'usage du français dans les familles, ils invitent également à une analyse plus approfondie qui fera l'objet de recherches à venir.

7

Mobilité sociale, précarité
et difficultés d'accès à l'emploi

Beaucoup d'études ont été faites sur l'emploi des immigrés en France, même si les analyses se limitent souvent aux étrangers et ne tiennent pas toujours compte de la diversité interne de la population étrangère. Les plus récentes ont mis l'accent sur les pertes d'emploi dans les bastions traditionnels de la main-d'œuvre étrangère (bâtiment et industrie) et la tertiarisation de cette main-d'œuvre[1]. Le type de données recueillies dans l'enquête permet d'éclairer un phénomène que les données habituelles ignorent : la discontinuité (que traduit l'analyse des catégories socioprofessionnelles) créée par la révision complète de la politique migratoire du milieu des années soixante-dix.

Une question importante sur laquelle peu d'éléments existent actuellement concerne la mobilité sociale que connaissent les enfants d'immigrés relativement à leurs

---

1. Voir notamment E. MAURIN et A. ECHARDOUR, « La main-d'œuvre étrangère », *Données sociales*, INSEE, 1993.

parents[2]. L'enquête permet de voir si, globalement, une certaine promotion s'opère entre la génération des migrants venus adultes en France et ceux qui ont été élevés en partie ou totalement en France. Par un rapprochement précis entre la situation du père et celle des enfants, elle fournit un élément décisif de l'appréciation de cette mobilité sociale. Une autre forme de mobilité sur laquelle nous devons nous interroger concerne les femmes et est, au sens large, culturelle : qu'advient-il précisément des filles élevées dans un milieu culturel cantonnant les femmes à la sphère domestique, lorsqu'elles ont été élevées, au moins en partie, en France ?

Aujourd'hui, plus que les situations d'emploi, ce sont celles de non-emploi qui retiennent l'attention. Les immigrés ont été pris dans la tourmente du chômage et en ont pâti plus que d'autres : occupant souvent les postes les moins qualifiés et souffrant d'un niveau d'alphabétisation très bas, ils n'ont pas toujours été en mesure de s'adapter. Cependant, certains se sont débrouillés mieux que d'autres. Leurs enfants arrivent sur le marché du travail en période de crise et éprouvent des difficultés pour trouver un emploi : la situation la plus dure est celle des jeunes d'origine algérienne, situation qui ne s'explique guère par un niveau scolaire particulièrement bas. A côté des exigences professionnelles de ces jeunes, il est impossible de ne pas penser à des phénomènes de discrimination à l'embauche. Sans pouvoir en mesurer l'ampleur, l'enquête permet d'en cerner les représentations.

---

2. Quelques éléments ont été fournis par l'enquête « Conditions de vie » de l'INSEE réalisée en 1985. Cf. J.-L. BORKOWSKI, « L'insertion sociale des immigrés et de leurs enfants », *Données sociales*, INSEE, 1990.

Élévation de la catégorie socioprofessionnelle des nouveaux migrants

Même si les hommes entrés après 1974 ont eu à s'insérer sur un marché du travail transformé, relativement à leurs devanciers, cette évolution ne saurait expliquer les bouleversements constatés sur certains courants migratoires. La nouvelle politique de maîtrise des flux mise en place au milieu des années soixante-dix a agi de manière déterminante ; c'est ce que montre l'examen des catégories socioprofessionnelles[3] (CSP) suivant la date d'entrée en France.

Forte élévation de la qualification des hommes originaires d'Algérie ou du Maroc

Les hommes arrivés en France avant 1975 sont presque tous ouvriers (un peu plus de trois quarts). Les catégories intermédiaires ou supérieures ne représentent que 3 % d'entre eux dans les deux cas. Pour prendre la mesure de leur spécificité, il faut se référer à la moyenne nationale : on ne compte en France que 45 % d'ouvriers et 24 % d'individus occupant une profession intermédiaire ou supérieure.

Les migrants d'après 1974 ne sont plus que 38 % pour ceux d'Algérie et 45 % pour ceux du Maroc dans les professions ouvrières ; 19 % des premiers et 28 % des seconds se classent dans les catéories intermédiaires ou supérieures, avec une majorité exerçant dans le secteur public pour les migrants algériens. Globalement, la position sociale des migrants marocains et très élevée et s'accorde bien avec les niveaux scolaires très hauts déjà constatés. Les ouvriers venus du Maroc travaillent un peu plus souvent dans l'agriculture que ceux d'Algérie, et notamment ceux arrivés

---

3. Il s'agit de la CSP actuelle ou immédiatement antérieure pour ceux qui ne travaillaient pas à la date de l'enquête. Un chômeur n'ayant jamais travaillé n'a pas de CSP et est ainsi exclu du champ d'analyse. Peu d'hommes sont dans cette situation à la date de l'enquête.

récemment (près de 30 % des ouvriers). La place des Marocains dans le travail agricole saisonnier en France leur donne une voie d'entrée très spécifique pouvant aboutir à un travail sédentaire.

Les entrants récents sont un peu plus employés, mais surtout plus artisans, commerçants, chefs d'entreprise : respectivement 17 % et 11 %. La part importante de migrants algériens à leur compte s'explique par le régime dérogatoire dont ils bénéficient : ils peuvent s'installer librement en France.

Cette moindre dominance de la migration ouvrière caractérise aussi des courants qui se sont développés après 1974, mais y prend un caractère moins accentué : un peu moins de 60 % des migrants du Sud-Est asiatique et d'Afrique noire actifs sont ouvriers ; 11 % des premiers occupent une profession indépendante et à peu près autant se situent dans les catégories intermédiaires et supérieures. Les migrants d'Afrique noire sont 17 % dans ces dernières catégories sociales. Cependant, nombre d'immigrés sont encore inactifs parce qu'étudiants. Ces derniers, lorsqu'ils entreront sur le marché du travail, feront s'élever le niveau moyen des CSP.

Des migrants portugais et turcs pratiquement inchangés

Les immigrés en provenance du Portugal et de Turquie ont continué à s'employer dans l'industrie ou le bâtiment. La proportion d'ouvriers reste voisine de 80 %, quelle que soit la période d'entrée. Les professions intermédiaires et supérieures ne regroupent respectivement que 1 % et 6 % des entrants après 1974. Cette relative insensibilité aux nouvelles mesures reflète la permanence d'une immigration rurale d'un faible niveau scolaire fortement structurée par des réseaux. L'entrée en vigueur de la libre circulation des Portugais à partir du 1er janvier 1992 a fait émerger, dans les flux de travailleurs permanents enregistrés à l'OMI, un nombre important de Portugais. Ont ainsi obtenu un titre de séjour CEE des migrants déjà présents en France depuis quelques années, que la perspective de la libre circulation a encouragé à demeurer en situation irrégulière jusqu'à une date récente. La politique migratoire restrictive a donc eu moins de prise sur le courant portugais que sur d'autres.

Mobilité sociale : des pères aux fils

Pour appréhender la mobilité sociale, nous allons procéder par degrés. Une première étape consiste à comparer la CSP des jeunes élevés en France à celle des migrants adultes. Nous mettrons ensuite en regard la CSP des pères et celle de leurs fils. Enfin, dans un troisième temps, nous examinerons la CSP des enfants d'ouvriers. Il s'agit non plus de situer les migrants et les jeunes Français d'origine étrangère par rapport à la moyenne nationale, mais de regarder, au fil des générations, si la condition sociale s'est améliorée. Compte tenu de la faiblesse quasi générale de l'alphabétisation des parents, ce progrès apparaît, *a priori*, garanti.

La question de la mobilité sociale est prématurée pour les migrants très récents d'Afrique noire et du Sud-Est asiatique. Pour ces derniers, d'un niveau scolaire très élevé, cette mobilité sera probablement très importante.

Ascension sociale des enfants de migrants

Bien que nous n'ayons pas encore une génération adulte d'enfants nés en France dans les familles immigrées de Turquie, la comparaison entre les migrants adultes venus avant 1975 et les migrants enfants venus avant comme après cette date indique un immobilisme complet. Ce sont les seuls à ne pas être touchés ni par la tertiarisation des emplois, ni par un phénomène d'ascension sociale. Tout comme celle des pères, la génération des enfants comprend environ 80 % d'ouvriers, et à peu près 10 % d'indépendants. Ce résultat ne nous étonne guère compte tenu de leur courte scolarité en France.

Les jeunes migrants portugais, qui ont aussi connu une scolarité plutôt courte visant une formation professionnelle, restent nombreux dans l'industrie et le bâtiment : ils sont simplement un peu plus qualifiés et font plus souvent partie des contremaîtres et techniciens (tableau XL). Ils ont aussi un peu plus souvent fondé leur propre entreprise (10 % contre 5 % dans la génération des parents). Les jeunes nés en France d'origine portugaise ne semblent guère différents. Ils sont un peu plus souvent employés et, compte tenu de leur âge en moyenne plus faible, moins souvent à des postes d'encadrement. Cependant, 10 % exercent une profession intermédiaire ou supérieure, contre 3 % chez les migrants adultes. Relativement aux jeunes Français actifs du même âge, ils sont donc un peu plus souvent dans l'industrie et le bâtiment : l'écart par rapport à la moyenne nationale est en fait plus grand qu'il n'y paraît car une proportion importante de jeunes Français de 20-29 ans est encore scolarisée ; les actifs de cet âge surreprésentent ainsi les formations techniques courtes qui ont été le lot de beaucoup d'enfants d'origine portugaise.

Les enfants de migrants espagnols venus jeunes en France (et relativement âgés aujourd'hui) travaillent presque aussi souvent dans l'industrie et le bâtiment, mais sont moins souvent ouvriers que les migrants adultes : ils travaillent plus souvent dans la maîtrise ou à leur compte (14 % d'indépendants contre 7 %). Comme chez les migrants portugais, la création d'entreprise est donc surtout à l'initiative des migrants enfants. La proportion de ceux exerçant des professions intermédiaires ou supérieures a cependant beaucoup progressé : 15 % contre 2 %. La situation des jeunes nés en France est comparable à la moyenne nationale et voit s'accroître la catégorie des employés : 15 % contre 8 % chez les migrants enfants et 2 % chez les migrants adultes.

Les enfants de migrants algériens arrivés en France avant

TABLEAU XI. — Catégorie socioprofessionnelle des hommes immigrés suivant la période
et l'âge d'arrivée et des hommes d'origine étrangère nés en France

	ALGÉRIE			MAROC		
	Arrivés 15 ans après avant 1975	Arrivés avant 16 ans avant 1975	Nés en France	Arrivés après 15 ans avant 1975	Arrivés avant 16 ans avant 1975	Arrivés avant 16 ans après 1974
Agriculteurs	0	1	0	0	0	0
Ouvriers agricoles	1	0	1	7	3	9
Autres ouvriers	83	67	56	75	51	39
Techniciens, contremaîtres	3	7	6	3	9	6
Employés	3	3	16	4	2	4
Personnel de service	3	6	2	2	4	2
Artisan, commerçant, chef d'entreprise	5	6	6	6	6	7
Professions intermédiaires et supérieures	2	10	13	3	25	33
Total	100	100	100	100	100	100

	ESPAGNE			PORTUGAL		
	Arrivés après 15 ans avant 1975	Arrivés avant 16 ans avant 1975	Nés en France	Arrivés après 15 ans avant 1975	Arrivés avant 16 ans avant 1975	Nés en France
Agriculteurs	1	0	1	0	0	0
Ouvriers agricoles	9	1	3	2	3	1
Autres ouvriers	66	45	52	80	63	67
Techniciens, contremaîtres	11	16	8	6	14	5
Employés	2	8	15	1	4	12
Personnel de service	2	1	4	2	1	3
Artisan, commerçant, chef d'entreprise	7	14	3	6	10	3
Professions intermédiaires et supérieures	2	15	14	3	5	10
Total	100	100	100	100	100	101

Note de lecture : les migrants adultes sont généralement plus âgés que les migrants enfants, eux-mêmes plus âgés que les nés en France (20-29 ans), ce qui l'âge de 16 ans comprennent les générations « sinistrées » entrées avant 1965, et celles mieux formées venues ensuite. Au total, 67 % sont encore ouvriers (contre 83 % chez les migrants adultes), mais 10 % exercent des professions intermédiaires ou supérieures (contre 2 %). La situation des jeunes actifs d'origine algérienne est très voisine de la moyenne nationale. Cependant, bien qu'encore scolarisés dans une proportion voisine, ils réussissent moins bien. En outre, un jeune actif sur cinq est un chômeur n'ayant jamais travaillé contre 4 % en moyenne en France : on ne connaît donc pas sa CSP, et ses difficultés d'insertion laissent prévoir un niveau relativement bas.

Une forte ascension sociale touche le courant marocain : la proportion d'ouvriers non agricoles passe ainsi de 75 % chez les migrants adultes entrés avant 1975 à 51 % chez ceux venus comme enfants sur la même période pour n'être plus que de 39 % parmi les migrants enfants arrivés ensuite. Corrélativement, la tertiarisation des emplois peu qualifiés les touche peu, et les employés restent peu nombreux. La fuite des emplois manuels se fait directement au profit des catégories intermédiaires et supérieures qui passent respectivement de 3 % à 25 % et 33 %.

Des pères aux fils [4]

Nous comparons ici la CSP actuelle des enfants de parents venus d'Espagne, d'Algérie et du Portugal à celle de leur père lorsqu'ils avaient eux-mêmes 15 ans. La CSP du père ne correspond pas à celle des migrants adultes observée actuellement : le père peut être reparti ou avoir, depuis les 15 ans de son fils, connu un changement d'activité. On retrouve cependant des résultats tout à fait comparables à ceux observés précédemment : moins d'ouvriers et des ouvriers plus souvent qualifiés chez les jeunes dont le

---

4. La mobilité sociale a été traitée dans la partie du rapport portant sur les débuts dans la vie active par J. GAYMU et A. PARANT.

père est né en Algérie ou en Espagne. On doit noter toutefois une spécialisation ouvrière un peu plus marquée chez les jeunes d'origine portugaise : deux tiers sont encore ouvriers alors que 78 % de leurs pères l'étaient, contre respectivement 55 % et 86 % chez les garçons d'origine algérienne. Pour ces trois courants, les jeunes qui travaillent actuellement ont cependant accédé dans une proportion voisine aux catégories intermédiaires ou supérieures (un peu plus de 15 %).

Une mobilité sociale existe donc, même si une partie des fils, et notamment chez les jeunes d'origine algérienne, se trouve actuellement en difficulté et n'a pas encore occupé d'emploi. Cette mobilité doit être précisée en tenant compte de la CSP précise du père.

Qu'en est-il des fils d'ouvriers d'origine étrangère ?

Pour ceux qui ont déjà occupé un emploi, les fils d'ouvriers ont fait mieux que leur père et ceux d'origine algérienne ou espagnole sont plus souvent sortis de la classe ouvrière que la moyenne des fils d'ouvriers en France (tableau XLI). Les premiers, lorsqu'ils sont ouvriers, sont les plus nombreux à être qualifiés. La part des ouvriers non qualifiés n'est chez eux que de 38 % contre 55 % en moyenne en France.

Les fils d'origine portugaise connaissent une mobilité sociale équivalente à la moyenne nationale : environ les deux tiers sont encore ouvriers, contre 57 % chez les jeunes d'origine algérienne et 52 % chez ceux d'origine espagnole. On compte, certes, un certain nombre d'employés, mais aussi des jeunes accédant aux catégories intermédiaires et supérieures (14 % des jeunes d'origine algérienne, 12 % de ceux d'origine espagnole et 9 % de ceux d'origine portugaise). Bien que très jeunes, un certain nombre se sont déjà mis à leur compte, principalement des fils d'ouvriers d'origine algérienne ou espagnole (6 % contre 1 % en moyenne en France).

TABLEAU XLI. — RÉPARTITION PAR CSP DES FILS
D'OUVRIERS ÂGÉS DE 20-29 ANS AYANT DÉJÀ TRAVAILLÉ,
SUIVANT LE PAYS DE NAISSANCE DES PARENTS

	Algérie	Espagne	Portugal	France entière
Agriculteurs	0	0	0	2
Indépendants, chefs d'entreprise	6	6	4	1
Contremaîtres, techniciens	4	4	4	4
Employés	16	20	12	14
Ouvriers agricoles	0	0	0	0
Manœuvres et ouvriers non qualifiés	38	41	47	55
Ouvriers qualifiés	19	11	18	14
Personnel de service	3	7	4	1
Professions intermédiaires et supérieures du privé	6	5	6	1
Professions intermédiaires et supérieures du public	8	7	3	8
Total	100	100	100	100

Ce résultat mérite cependant d'être nuancé car 16 % de jeunes d'origine algérienne, fils d'ouvriers, sont encore au chômage et n'ont jamais travaillé, contre par exemple 4 % des fils de migrants portugais de même condition sociale et 8 % en moyenne en France. Ainsi, les fils d'ouvriers venus du Portugal ont plus souvent reproduit le modèle paternel, mais du moins ont-ils un emploi. C'est peut-être en partie parce que les fils d'ouvriers nés en Algérie renâclent plus à reproduire ce modèle qu'ils entrent plus difficilement sur le marché du travail ; ils y sont également moins disposés de par leur formation moins orientée sur les métiers manuels.

Mobilité « culturelle » et sociale : activité des femmes

Si, dans certains pays, l'activité féminine est devenue un fait banal, dans d'autres elle reste encore rare. Ces différences de statut de la femme dans la sphère économique marquent fortement les femmes immigrées résidant en France. Un premier indicateur de la mobilité en France est d'ordre culturel et consiste pour les femmes à sortir de la sphère domestique pour investir celle de l'économie. La mobilité sociale proprement dite n'intervient alors qu'en second rang.

Taux d'activité féminins élevés chez les femmes venues dans leur enfance : forte mobilité « culturelle »

Les femmes originaires d'Espagne, du Portugal et d'Afrique noire sont, à âge égal, pratiquement aussi souvent actives que la moyenne des Françaises (plus des trois quarts à 30-39 ans). Ces taux d'activité élevés cachent cependant, nous le verrons lorsque nous traiterons plus spécifiquement du chômage, des situations face à l'emploi très différentes.

Dans ce groupe de courants migratoires où l'activité féminine est importante, on doit inclure les femmes venues du Sud-Est asiatique (69 % d'actives à 30-39 ans). Bien que connaissant un taux d'activité moins élevé, elles ont en commun avec les précédentes d'être aussi présentes sur le marché du travail que les femmes élevées de même origine en France.

Les femmes venues d'Algérie, du Maroc et de Turquie sont moins souvent actives : respectivement 61 %, 44 % et 39 % à 30-39 ans. Les écarts importants dans les taux d'activité à cet âge reflètent surtout des différences d'âge à l'entrée : à 30-39 ans les femmes nées en Algérie comprennent beaucoup de femmes venues avant l'âge de 16 ans, alors que très peu de femmes arrivées enfants de Turquie ou du Maroc ont encore atteint cet âge. En fait 50 % des femmes venues d'Algérie après l'âge de 15 ans et âgées aujourd'hui de 30-39 ans sont actives, contre près de 80 % de celles arrivées plus jeunes.

Les taux d'activité des femmes arrivées jeunes sont plus élevés : à 20-29 ans, ils se situent dans une fourchette allant de 57 % chez les jeunes femmes du Sud-Est asiatique à 91 % chez celles du Portugal, écarts reflétant surtout des âges de sortie de l'école variables. Chez les jeunes femmes de Turquie, qui ont quitté l'école très tôt, 70 % travaillent ou souhaitent le faire (contre 31 % des femmes du même âge entrées adultes). Les jeunes femmes élevées dans des familles immigrées d'Algérie, qu'elles soient nées en France ou non, connaissent des taux d'activité voisins de la moyenne nationale.

Au total, les femmes éduquées en France dans les familles immigrées où, culturellement, la femme ne travaille pas sont très souvent actives, ce qui contraste avec la condition de leurs mères généralement cantonnées dans la sphère domestique.

Catégories socioprofessionnelles : reproduction ou mobilité sociale

Pour la plupart des filles éduquées en France dans des familles venues d'Algérie, du Maroc ou de Turquie, la mère n'a jamais travaillé ; si c'est le cas, c'est à un niveau de qualification assez bas. Pour d'autres courants migratoires, où la mère a généralement travaillé (ceux du Portugal et d'Espagne notamment), les postes occupés ont également été très peu qualifiés. Avant d'examiner ce que deviennent les filles, il faut rappeler certaines spécificités de l'emploi des migrantes adultes : on compte généralement plus d'ouvrières et de personnel de service relativement à la moyenne nationale des femmes en France. Ces caractéristiques marquent les courants et les époques migratoires à des degrés divers.

Les femmes nées en Turquie travaillent ou ont travaillé surtout comme ouvrières ; on pense bien sûr aux ateliers de couture turcs. Les femmes d'Espagne et du Portugal appartiennent le plus souvent au personnel de service : c'est ainsi le cas des deux tiers des femmes portugaises arrivées après 1974. Près d'une femme sur deux venues du Sud-Est asiatique est ouvrière ; elles appartiennent peu souvent au personnel de service, mais sont un peu plus souvent employées. Les femmes venues du Maroc ne sont pas plus souvent ouvrières (27 %) que la moyenne des femmes en France, mais font plus souvent partie du personnel domestique.

Rares sont les femmes immigrées qui ont accédé aux professions intermédiaires ou supérieures, sauf celles originaires du Maroc, entrées après 1975 (17 % de femmes actives contre 24 % en moyenne en France). Cependant, même pour ces dernières, cela ne touche qu'un petit nombre car peu d'entre elles ont déjà travaillé.

Les femmes arrivées dans leur enfance et qui ont déjà travaillé reproduisent les caractéristiques de l'emploi féminin en France et sont ainsi beaucoup plus souvent employées que les migrantes adultes. On retrouve cependant un peu plus de personnel de service chez les femmes venues d'Algérie ou du Portugal, mais surtout une spécialisation ouvrière encore marquée pour les femmes de Turquie (57 % contre 15 % en moyenne en France et 18 % des femmes d'Algérie, par exemple) et dans une moindre mesure pour celles du Sud-Est asiatique et du Portugal. Le jeune âge des femmes originaires du Sud-Est asiatique crée un effet d'optique à leur désavantage : nombre d'entre elles sont encore scolarisées et arriveront sur le marché du travail à un niveau bien plus élevé. Cet effet n'existe pas pour celles venues du Portugal ou de Turquie, sorties très tôt du système scolaire.

Enfin, les femmes venues dans leur enfance ont plus souvent accédé aux professions intermédiaires ou supérieures (33 % des femmes du Maroc et 19 % de celles d'Algérie ayant déjà travaillé). On doit rappeler que, globalement, toutes périodes d'arrivées confondues, les enfants venus du Maroc ont connu une scolarité un peu plus longue que celle des enfants venus d'Algérie. Pour ces enfants, le contentieux historique avec la France est moins pesant.

La mobilité sociale est nulle chez les jeunes femmes de Turquie et très faible chez celles venues du Portugal.

Parmi les jeunes femmes nées en France[5], les employées dominent (plus de 50 % contre 37 % en moyenne en France), mais la spécialisation dans le personnel de service a disparu. Elles ont accédé, à peu près comme les femmes venues enfants, aux catégories intermédiaires ou supérieures, mais beaucoup moins que la moyenne des jeunes Françaises.

Catégories socioprofessionnelles des filles d'ouvriers

L'emploi féminin, fortement orienté sur le secteur tertiaire, ne peut aboutir à la reproduction *stricto sensu* de la condition du père ouvrier. Et, de fait, la proportion de jeunes femmes ouvrières est équivalente à celle de la moyenne des filles d'ouvriers en France (autour de 20 %) ; elle n'est cependant que de 10 % chez les jeunes femmes d'origine espagnole, qui se sont plus massivement détournées des emplois industriels (tableau XLII).

TABLEAU XLII. — RÉPARTITION PAR CSP DES FILLES D'OUVRIERS ÂGÉES DE 20-29 ANS AYANT DÉJÀ TRAVAILLÉ, SUIVANT LE PAYS DE NAISSANCE DES PARENTS

	Algérie	Espagne	Portugal	France entière
Agriculteurs	0	0	0	0
Indépendants, chefs d'entreprise	0	4	0	3
Contremaîtres, techniciens	1	1	0	3
Employés	49	58	55	48
Ouvriers agricoles	0	1	2	0
Manœuvres et ouvriers non qualifiés	5	2	7	6
Ouvriers qualifiés	16	8	13	17
Personnel de service	6	7	17	11
Professions intermédiaires et supérieures du privé	13	10	2	4
Professions intermédiaires et supérieures du public	10	7	5	9
Total	*100*	*100*	*100*	*100*

---

5. De parents nés en Algérie, en Espagne ou au Portugal.

La mobilité sociale chez les jeunes femmes d'origine portugaise de père ouvrier est faible : 7 % exercent des professions intermédiaires ou supérieures contre 13 % des filles d'ouvriers en France. Elles sont encore marquées par la spécialisation dans le personnel de service. En revanche, les filles d'origine espagnole et algérienne ont connu une mobilité sociale supérieure à celles de la classe ouvrière française : respectivement 17 % et 22 % ont accédé aux classes moyennes ou supérieures. Comme dans le cas des garçons, la performance des filles de migrants algériens ouvriers est à nuancer, car près de la moitié n'ont encore jamais travaillé, soit parce qu'elles n'ont pas trouvé d'emploi, soit parce qu'elles sont inactives.

Réseaux et concentration ethnique

L'existence de réseaux ethniques d'accès à l'emploi se traduit bien souvent par des concentrations ethniques sur les lieux de travail qui ne sont guère favorables à l'assimilation : on quitte alors le cercle familial chaque matin pour retrouver des collègues de même origine travaillant quelquefois chez un patron également de même origine. La faible diversification du cercle de personnes rencontrées ne favorise guère l'apprentissage du français. Quelle est l'importance de ces réseaux ethniques chez les immigrés en France ?

Modes d'accès à l'emploi : importance des « pays » chez les migrants du Portugal, de Turquie et du Sud-Est asiatique

D'une manière générale, les immigrés font plus appel à leur réseau de connaissances que les Français, et recourent moins aux structures officielles de placement. La moitié, ou plus, des hommes venus d'Espagne, du Portugal ou de Turquie après l'âge de 15 ans ont trouvé leur emploi actuel en France grâce à une connaissance. Le réseau personnel est plus ouvert chez les premiers, mais prend une forte coloration ethnique chez les travailleurs originaires du Portugal et de Turquie.

Pour les femmes, celles qui préfèrent le réseau personnel proviennent des mêmes pays auxquels vient s'ajouter le Sud-Est asiatique : près des deux tiers ont obtenu leur emploi par une connaissance et, chez les migrantes turques, 42 % doivent leur emploi à un membre de leur famille ou à un compatriote. Les immigrés du Maghreb recourent plus souvent que d'autres à une démarche personnelle, ceux d'Afrique noire préférant s'adresser à un organisme de placement officiel.

Chez les jeunes élevés en France, le réseau de relations perd de son importance, sauf chez ceux originaires du Portugal, du Sud-Est asiatique et de Turquie, avec chez ces derniers un poids toujours très important de la famille et des compatriotes (près de 40 % des cas). Le réseau ethnique a un poids très faible dans les modes d'accès à l'emploi des enfants des familles venues du Maghreb et d'Espagne, particulièrement chez les femmes.

Chez les jeunes nés en France, les réseaux d'emploi ethniques ne sont plus d'un grand secours. Cependant, ils fonctionnent encore pour un quart des jeunes gens d'origine portugaise, qui ont conservé plus que d'autres le type d'emploi du père. Les filles d'origine algérienne sont plus souvent passées par des organismes officiels de placement et les garçons ont souvent recouru à l'intérim. Pour ces derniers, une remarque s'impose : seulement 2 % ont obtenu un emploi à la suite d'une petite annonce, alors que ce type de recrutement touche d'habitude environ un jeune sur dix. Compte tenu des difficultés très grandes, nous le verrons, de ces jeunes à s'insérer sur le marché du travail, on peut se demander si cette singularité ne reflète pas un décalage entre leurs exigences et leur formation.

Pour environ 90 % des immigrés salariés venus à l'âge adulte, le patron est un Français d'origine. Font exception les hommes salariés originaires du Portugal, du Sud-Est asiatique et de Turquie, où le patron est immigré ou d'origine étrangère dans environ 20 % des cas, et même 27 % pour ces derniers. C'est également chez eux que la proportion de salariés travaillant chez un patron de même origine ethnique est la plus forte : 16 %.

On retrouve le même phénomène chez les femmes, celles originaires du Portugal y échappant cependant, leur spécialisation dans le personnel de service (concierge, femme de ménage) les prédisposant à être salariées d'un Français d'origine. Trois quarts des migrantes du Sud-Est asiatique et de Turquie travaillent pour le compte d'un Français d'origine ; 14 % des premières et 25 % des secondes sont sous les ordres d'un compatriote. En ne distinguant pas les pays du Sud-Est asiatique, nous sous-estimons la part de patrons originaires de ce même groupe de pays. En effet, pour un Vietnamien, un Chinois ne sera pas forcément considéré comme un compatriote, et, à coup sûr, un Khmer ne le sera pas.

Chez les migrants élevés en partie en France, on observe différents cas : pour les garçons des familles venues d'Algérie et les enfants venus du Maroc, les patrons sont d'origine plus diverse que dans la génération des parents ; pour les garçons venus du Sud-Est asiatique ou de Turquie, leur patron, qui n'est pas français d'origine pour un tiers des cas (un quart pour les filles), est assez souvent de même origine ethnique.

Quant aux jeunes d'origine étrangère nés en France, la moitié ne savent pas de quelle origine est leur patron, ce qui est plutôt le signe d'une grande indifférence et du faible rôle de l'embauche proprement ethnique parmi eux. Cela est encore plus vrai des jeunes d'origine algérienne, dont les deux tiers sont dans ce cas contre environ 40 % des jeunes d'origine espagnole ou portugaise.

Lorsqu'on s'intéresse non plus à l'origine du patron, mais à celle des collègues, on relève les mêmes tendances. Ce sont les hommes venus du Portugal et de Turquie à l'âge adulte qui travaillent dans un environnement comprenant beaucoup d'immigrés (plus de la moitié), souvent à forte concentration ethnique (près d'un tiers). Chez les femmes, en dehors de celles qui travaillent seules (situation assez fréquente pour celles d'Espagne ou du Portugal), l'environnement professionnel immigré, et notamment ethnique, est plus marqué chez celles venues du Sud-Est asiatique ou de Turquie (un tiers travaillent dans un univers à forte concentration ethnique).

L'univers professionnel des enfants d'immigrés est nettement plus diversifié, sauf chez les garçons originaires du Sud-Est asiatique, où les collègues sont encore plus souvent immigrés (près de la moitié) et fréquemment de même origine ethnique (près d'un tiers). Mais nous ne prenons ici en compte que ceux qui se sont insérés de manière précoce sur le marché du travail, les autres étant encore souvent étudiants. La diversification maximale est obtenue chez les enfants de migrants espagnols ou algériens. Les hommes nés en France d'origine portugaise travaillent encore souvent dans un environnement communautaire (près d'un quart) contre 9 % seulement des hommes d'origine algérienne. Chez les femmes nées en France, les filles d'origine espagnole travaillent dans un univers très diversifié (4 % seulement de forte concentration ethnique), beaucoup plus que celui des jeunes femmes d'origine algérienne (17 %).

Ainsi, il semble que les jeunes gens d'origine portugaise s'appuient plus solidement sur un réseau portugais (famille et compatriotes) pour trouver un emploi, cela se traduisant par une persistance des regroupements ethniques sur les lieux de travail.

Chômage et précarité

Statut dans l'emploi et taux de chômage indiquent une précarité plus forte de nombreux immigrés et de certains jeunes d'origine étrangère. Parmi les facteurs qui accroissent les risques de précarité, on doit citer : l'*âge*, les jeunes connaissant plus de difficultés à s'insérer durablement sur le marché du travail ; l'*ancienneté de l'arrivée en France*, qui détermine la période d'entrée sur le marché du travail (boom économique ou récession) ; et le *sexe*, les femmes éprouvant généralement plus de problèmes, surtout lorsqu'elles se décident tardivement à travailler dans une conjoncture peu favorable.

Nous devons mettre en garde le lecteur contre une interprétation erronée des taux de chômage[6]. Un taux de chômage élevé ne correspond pas forcément à un nombre de chômeurs important. Ce nombre est petit lorsque les taux d'activité sont eux-mêmes faibles. Par ailleurs, une fraction de ces personnes recherchant un emploi ne sont pas inscrites à l'ANPE et, lorsqu'elles le sont, toutes ne sont pas indemnisées[7].

Forte précarité des femmes et des jeunes d'origine algérienne

Les immigrés ayant aujourd'hui plus de 40 ans ont, à l'exception des personnes originaires du Portugal, un peu plus souvent un contrat à durée déterminée que la moyenne des Français. Ce type de contrat reste néanmoins fort rare, sauf chez les femmes venues d'Algérie (16 %), de Turquie (12 %) et du Maroc (10 %) qui connaissent également les plus fort taux de chômage : respectivement 55 %, 45 % et 35 % pour celles venues après l'âge de 15 ans. Une femme

---

6. Nombre de personnes cherchant à travailler rapporté au nombre d'actifs.

7. 18 % (22 % des femmes et 11 % des hommes) de l'ensemble des Français interrogés qui recherchent un emploi déclarent ne pas être inscrits à l'ANPE et 28 % des inscrits déclarent ne pas être indemnisés (17 % des hommes et 36 % des femmes).

venue d'Algérie sur dix travaille dans le cadre d'une mesure d'aide à l'emploi, situation inexistante chez les Françaises du même âge. Ces femmes subissent le handicap, soit de vouloir entrer sur le marché du travail très tard, soit d'arriver en France à un moment peu propice. En outre, elles ont, rappelons-le, un niveau de formation très faible et souvent nul. D'ailleurs, un tiers des femmes de plus de 40 ans nées en Algérie cherchent à travailler sans être inscrites à l'ANPE et, pour celles qui le sont, très peu sont indemnisées (7 % contre 64 % des femmes en France).

La précarité de la situation professionnelle des hommes immigrés de plus de 40 ans se traduit par un taux de chômage important et très supérieur à celui de la moyenne des Français : par exemple, 16 % des migrants algériens de 40-49 ans et 23 % de ceux de 50-59 ans arrivés après l'âge de 15 ans sont au chômage contre respectivement 4 % et 10 % en moyenne en France. Cependant, contrairement aux femmes, ils ont déjà beaucoup travaillé en France, sont massivement inscrits à l'ANPE et donc indemnisés, mais un peu moins souvent que la moyenne des Français du même âge, un plus grand nombre se trouvant en fin de droits ou n'ayant pas droit à indemnisation.

Au fur et à mesure que l'on s'intéresse à des migrants plus jeunes, la précarité s'accroît. Ceux d'Espagne et du Portugal sont moins touchés par ce processus : ils sont, au pis, dans une situation voisine de la moyenne nationale, mais souvent en meilleure position. Cela vaut tant pour le statut dans l'emploi des salariés que pour le taux de chômage. Les hommes du Sud-Est asiatique travaillent aussi peu souvent que les Français de 30-39 ans dans le cadre d'un CDD, mais leur taux de chômage est supérieur (16 % contre 6 %).

Les autres groupes d'immigrés ont plus souvent un statut précaire (plus de CDD, de mesure d'aide à l'emploi ou d'intérim). Les femmes nées en Turquie connaissent la plus forte précarité à 30-39 ans : un quart des salariées ont signé un CDD et près d'une sur deux est au chômage. A cet âge,

173

la situation des femmes venues d'Algérie ou du Maroc n'est guère plus enviable : mesure d'aide à l'emploi, CDD et taux de chômage élevé sont également leur lot. Ce dernier est maximal chez les femmes originaires d'Algérie lorsqu'elle sont arrivées à l'âge adulte : 57 % contre 29 % chez celles venues dans leur enfance, à comparer aux 12 % de moyenne nationale.

Les moins de 30 ans sont généralement dans la situation la plus difficile parce qu'ils ont dû chercher du travail dans une conjoncture peu favorable. Pour ceux qui travaillent, respectivement 14 % des hommes et 21 % des femmes ont signé un contrat à durée déterminée, les premiers travaillant également plus souvent dans le cadre d'une mission d'intérim (5 %).

Les moins de 30 ans originaires du Maroc connaissent la situation la plus instable avec 20 % de CDD, 5 % d'hommes et 13 % de femmes travaillant dans le cadre des mesures d'aide à l'emploi. Tout comme ceux d'Algérie, ils sont très souvent au chômage lorsqu'ils sont arrivés enfants en France. La situation des jeunes gens d'Afrique noire et de Turquie élevés en France est moins précaire (tableau XLIII).

Les femmes âgées de 20-29 ans originaires d'Afrique noire, de Turquie ou du Sud-Est asiatique connaissent le plus fort taux de chômage, qu'elles soient migrantes adultes ou élevées en France. Les femmes venues après l'âge de 15 ans d'Afrique noire ou de Turquie battent une espèce de record. Comme on peut s'y attendre, compte tenu de leur scolarité écourtée, les jeunes migrantes de Turquie élevées en France s'en sortent mal : 44 % de chômeuses contre 23 % chez les garçons.

Enfin, alors qu'ils ont fait toute leur scolarité dans notre pays, les jeunes d'origine algérienne nés en France connaissent de grosses difficultés et la plus forte précarité (tableau XLIV). Cela se traduit par un taux de chômage de l'ordre de 40 %, cumulé à une plus forte précarité dans l'emploi. Les filles nées dans les couples franco-algériens

TABLEAU XLIII. — TAUX DE CHÔMAGE DES IMMIGRÉS
ÂGÉS DE 20-29 ANS PAR SEXE ET ÂGE À L'ENTRÉE

	Arrivés après 15 ans	*Arrivés avant 16 ans*
HOMMES		
Portugal	—	9
Sud-Est asiatique	22	13
Afrique noire	22	25
Turquie	23	23
Maroc	17	37
Algérie	—	39
FEMMES		
Portugal	—	18
Sud-Est asiatique	42	37
Afrique noire	56	47
Turquie	56	44
Maroc	—	31
Algérie	—	33

TABLEAU XLIV. — TAUX DE CHÔMAGE DES JEUNES
D'ORIGINE ÉTRANGÈRE ÂGÉS DE 20-29 ANS PAR SEXE

HOMMES	
Deux parents nés en Algérie	42
Couple parental franco-algérien	34
Deux parents nés en Espagne	20
Couple parental franco-espagnol	20
Deux parents nés au Portugal	20
FEMMES	
Deux parents nés en Algérie	40
Couple parental franco-algérien	22
Deux parents nés en Espagne	25
Couple parental franco-espagnol	25
Deux parents nés au Portugal	24

apparaissent relativement épargnées (22 %)[8]. Chez les garçons qui travaillent, 24 % ont un CDD et 10 % effectuent une mission d'intérim, contre, par exemple, respectivement 11 % et 0 % chez les jeunes d'origine portugaise. Près de 20 % des filles ont un CDD, soit un niveau voisin de la moyenne nationale, mais 12 % bénéficient d'une mesure d'aide à l'emploi.

Chez les jeunes nés en France, ce sont les femmes d'origine espagnole qui connaissent la meilleure stabilité dans l'emploi. Elles sont au chômage à peu près comme la moyenne des femmes du même âge en France, situation également partagée par les jeunes femmes d'origine portugaise. Nous avons vu qu'elles ont généralement fait une bonne scolarité. Les garçons s'en tirent moins bien.

Ces différences de situation entre jeunes d'origine étrangère méritent un examen attentif.

Des débuts dans la vie active difficiles chez les jeunes d'origine algérienne, et surtout les garçons[9]

Le niveau de diplôme ne suffit pas à expliquer le chômage plus élevé des jeunes d'origine algérienne. Ils sont, on l'a vu, dans une situation scolaire voisine des jeunes d'origine portugaise. A niveau de diplôme équivalent, les jeunes gens d'origine algérienne sont plus souvent chômeurs que les autres : 39 % de ceux qui ont un diplôme inférieur au baccalauréat (généralement un CAP ou un BEP) le sont, contre un peu plus de 10 % des jeunes d'origine espagnole ou portugaise et des Français. C'est également-

---

8. Nous n'avons pas beaucoup insisté sur les différences entre garçons et filles nés dans les couples franco-algériens, compte tenu des effectifs assez faibles. Les premiers semblent pourtant s'en tirer moins bien, tant au point de vue scolaire que professionnel. L'échantillon a été tiré de telle manière que c'est généralement le père qui est immigré et l'on peut se demander si ces difficultés plus grandes ne renvoient pas à une image du père dévalorisée, qui toucherait plus les garçons que les filles.

9. Ce point est directement issu de la partie du rapport portant sur les débuts dans la vie active, traitée par J. GAYMU et A. PARANT.

ment le cas des jeunes filles : toujours pour un diplôme inférieur au baccalauréat, 36 % des filles d'origine algérienne recherchent un emploi contre 28 % des jeunes femmes d'origine espagnole, 21 % de celles d'origine portugaise et 20 % des Françaises.

Si tous les jeunes avaient la même répartition par niveau de diplôme que la moyenne nationale[10], ceux d'origine algérienne se trouveraient encore dans une position très défavorable (40 % de chômeurs chez les garçons et 35 % chez les filles). Enfin, le plus fort chômage des filles en France ne se retrouve pas chez les jeunes d'origine algérienne, les garçons se trouvant même dans une situation un peu plus difficile.

En recueillant l'histoire professionnelle de ces jeunes, l'enquête permet de préciser, au-delà de la situation actuelle, leur parcours professionnel et notamment la situation qu'ils ont connue à la fin de leurs études.

Plus de la moitié des jeunes gens d'origine algérienne âgés de 20-29 ans ont subi au moins une période de chômage de plus d'un an depuis la fin de leurs études, contre un petit tiers des garçons d'origine espagole et un petit quart de ceux d'origine portugaise, la moyenne nationale étant de 29 %. Alors que le chômage a généralement plus touché les femmes que les hommes, ce n'est plus le cas chez les enfants des familles immigrées algériennes : les filles sont certes nombreuses à avoir expérimenté le chômage pendant plus d'un an, mais plutôt moins que les garçons (47 % contre 53 %, ces mêmes proportions étant respectivement de 33 % et 23 % chez les jeunes d'origine portugaise). Elles connaissent aussi une moins grande instabilité professionnelle : 34 % seulement ont connu pendant au moins un an l'instabilité professionnelle (succession de courtes périodes de chômage et de petits boulots) contre 46 % des garçons, alors que cette proportion

10. Cette condition est obtenue pratiquement en faisant la moyenne pondérée des taux de chômage propres à chaque niveau scolaire de chaque groupe, en utilisant la même pondération, celle de la moyenne nationale.

est d'un tiers pour les autres jeunes en France. Il semble donc que parmi les jeunes d'origine algérienne, la situation soit encore plus difficile, et même anormalement difficile, pour les garçons.

A la sortie des études, les filles connaissent certes un taux de chômage un peu supérieur à celui des garçons (34 % contre 30 %), mais elles ont plus souvent trouvé un emploi stable [11] (35 % contre 25 %) [12], alors que d'habitude, en France, la situation se présente mieux pour les garçons. Ceux qui sont d'origine algérienne ont commencé leur vie active de manière plus chaotique, avec un taux d'instabilité [13] à la sortie de l'école très élevé : 42 %, contre 25 % des filles de même origine. Ce taux ne dépasse pas 25 % chez les autres jeunes gens d'origine étrangère, la moyenne nationale n'étant que de 18 %. Chez les jeunes filles, elle est de l'ordre d'un tiers.

Manifestement, tout concorde pour montrer qu'il existe un problème spécifique d'insertion sur le marché du travail pour les garçons d'origine algérienne, ce que leur léger désavantage par rapport aux filles en terme de diplômes n'explique guère. Signe d'un malaise et d'exigences plus grands, cette situation très problématique des garçons d'origine algérienne et celle difficile des jeunes femmes de même origine posent nécessairement la question des pratiques discriminatoires à l'embauche.

---

11. De plus d'un an.

12. La part des inactifs à la sortie de l'école ne vient pas perturber, ici, la comparaison : elle est de 15 % pour les deux sexes (service militaire des garçons d'un côté, fondation d'un foyer de l'autre).

13. Part de ceux qui ont connu, pendant plus d'un an à la sortie de leurs études, une succession de courtes périodes de chômage et de petits boulots, dans l'ensemble des jeunes qui ont cherché à s'insérer dès ce moment sur le marché du travail (c'est-à-dire hors inactifs).

Représentations en matière de discrimination :
Arabes et Maghrébins sont particulièrement visés

La discrimination à l'embauche en fonction de l'origine ethnique est un phénomène difficile à saisir, car elle tient à des choses extrêmement ténues. Sa connaissance passe par l'observation des pratiques des acteurs sociaux, et notamment des entreprises, agences pour l'emploi, sociétés d'intérim, etc. L'enquête ne prétend pas saisir ces pratiques, mais les représentations des immigrés eux-mêmes, des jeunes d'origine étrangère et de la population française dans son ensemble. Les questions posées pour y parvenir adaptent au cas français le questionnaire britannique sur les relations interraciales de 1982[14]. Les enquêtés ont dû se prononcer sur l'existence de pratiques discriminatoires à l'embauche, sur leur caractère sélectif (certains groupes sont-ils plus visés que d'autres ?) et sur les catégories particulièrement discriminées.

Des pratiques discriminatoires sélectives, mais non généralisées

Deux tiers des Français[15] reconnaissent l'existence de telles pratiques. Les jeunes d'origine espagnole ou portugaise ont des positions voisines, de même que les immigrés d'Algérie et d'Afrique noire et, dans une moindre mesure, ceux du Maroc.

Les jeunes d'origine algérienne sont plus nombreux à croire à la discrimination à l'embauche : les trois quarts des enfants nés dans des couples franco-algériens et 80 % des enfants de deux parents immigrés. Les difficultés d'insertion sur le marché du travail qui les touchent les rendent probablement plus sensibles à cette question.

---

14. C. BROWN, *Black and White Britain. The Third Policy Studies Institute Survey*, Heineman Educational Books, Londres, 1984.

15. Par Français, nous désignons ici les personnes résidant en France, quelle que soit leur origine.

Les immigrés non originaires du continent africain sont plutôt en retrait : une petite moitié seulement pensent que les employeurs pratiquent la discrimination à l'embauche.

D'après les enquêtes, la discrimination n'est pas généralisée : moins de 10 % disent qu'elle serait le fait de tous les employeurs. Les migrants de Turquie sont les plus nombreux a croire qu'il en va ainsi (un sur dix).

Pour tous les groupes, une bonne majorité pense que ces pratiques concernent seulement quelques employeurs. On retrouve cependant des différences de positionnement reproduisant assez bien celles constatées pour l'existence de pratiques discriminatoires : un peu moins de 40 % des migrants d'Afrique, de Turquie ou des jeunes d'origine algérienne pensent que les discriminations à l'embauche sont le fait de presque tous les patrons, contre environ 25 % pour les autres groupes.

Ceux qui croient à l'existence de pratiques discriminatoires disent aussi qu'elles touchent prioritairement certains groupes : plus de 80 % des Français, des jeunes d'origine étrangère et des immigrés originaires d'Espagne et du Portugal, mais encore trois quarts des immigrés venus du continent africain et 60 % des migrants turcs ou du Sud-Est asiatique.

D'après les enquêtes, Arabes, Maghrébins, Algériens sont les cibles privilégiées de la discrimination

Contrairement à la plupart des enquêtes traitant du racisme ou des attitudes des Français à l'égard de l'immigration [16], la question relative aux catégories de populations

---

16. Enquête CSA : *Commission consultative des droits de l'homme : la lutte contre le racisme et la xénophobie*, La Documentation française, Paris, 1992. Enquête INED : A. GIRARD et J. STOETZEL, « Attitude des Français à l'égard des immigrants », in *Français et immigrés, Travaux et Documents*, n° 40, INED, Paris, 1953. A. GIRARD, « Attitude des Français à l'égard de l'immigration étrangère. Enquête d'opinion », *Population*, 5, 1971. A. GIRARD, Y. CHARBIT et M.-L. LAMY, « Attitudes des Français à l'égard de l'immigration étrangère. Nouvelle enquête d'opinion », *Population*, 6, 1974.

principalement visées par la discrimination à l'embauche ne proposait pas une liste d'items dans laquelle l'enquêté aurait eu à choisir, mais demandait à l'enquêteur d'enregistrer les déclarations spontanées de l'enquête (deux réponses au maximum). Cette procédure a l'avantage de permettre une analyse des registres dans lesquelles se situent les déclarations.

Les enquêtés parlent généralement en termes d'appartenance ethnique ou géographique assez larges.

Une grande unanimité se dégage pour désigner les Arabes (Magrébins ou Nord-Africains...) comme les principales victimes de la discrimination à l'embauche : trois quarts des Français, un peu plus chez les jeunes d'origine étrangère, quel que soit le pays de naissance de leurs parents. Pour les immigrés, les réponses sont aussi de cet ordre, sauf pour ceux du Sud-Est asiatique, de Turquie ou d'Afrique noire où les Arabes ne regroupent respectivement que 54 %, 50 % et 27 % des déclarations.

L'autre catégorie désignée en deuxième rang comme victime de la discrimination est celle des Africains noirs. C'est à eux que les migrants du Sud-Est asiatique pensent plus souvent comme catégorie discriminée. Quant aux migrants turcs, ils se distinguent par des réponses atypiques : un tiers d'entre eux se voient comme les principales victimes de la discrimination. Ils sont les seuls à le faire. Cette singularité montre qu'ils sont moins sensibles aux représentations collectives que les autres catégories d'immigrés ; nous retrouvons là un reflet du repli identitaire de la communauté turque. Les migrants d'Afrique noire se désignent comme étant les premières victimes des préjugés des patrons.

Au total, les personnes originaires d'Afrique (Arabes et Africains noirs) sont désignées comme catégories principalement visées par la discrimination dans 90 % des cas, quelle que soit l'origine des enquêtés, migrants turcs exceptés.

Les appellations nationales précises ne sont pas très fréquentes : lorsqu'elles sont employées, c'est presque toujours pour désigner les Algériens.

La seule référence à la couleur de la peau (gens de couleur, non-Blancs, Noirs) est rare, sauf chez les migrants du Portugal et du Sud-Est asiatique (15 % contre, par exemple, 5 % en moyenne en France) et chez ceux d'Afrique noire eux-mêmes (26 %). L'appartenance religieuse est encore plus rarement désignée, le maximum étant atteint parmi les migrants turcs dont 4 % parlent des musulmans (contre moins de 1 % de moyenne nationale).

Les appellations populaires ou péjoratives sont elles aussi extrêmement rares : généralement moins de 1 %, le maximum étant atteint chez les jeunes nés dans un couple franco-espagnol (2,5 %). Que cette réserve soit le reflet, pour certains, d'une politesse de circonstance montre au moins la conscience d'un certain interdit.

8

Lien national avec la France

Tout assimilé qu'il soit, un immigré qui ne vote pas n'est pas un citoyen à part entière. Or, en France, pour exercer cette citoyenneté, il faut d'abord être français, ou tout au moins il le fallait jusqu'à la ratification du traité de Maastricht par la France en 1992.

La contrepartie de ce principe rigide d'accès à la citoyenneté était apportée par un code de la nationalité française extrêmement généreux, fondé sur une appréciation du lien avec la France : plus ce lien semblait étroit, plus la nécessité d'inclure dans la nation était manifeste. C'est dans cet esprit-là que, jusqu'en 1993, les jeunes nés en France de parents étrangers et y résidant encore à leur majorité devenaient automatiquement Français à 18 ans (21 ans autrefois) : pour l'État, il *allait de soi* que ces jeunes faisaient partie de la nation et il entérinait cet état de fait en les faisant citoyens français. La loi de 1993 remet en cause ce principe, pour préserver la liberté de choix des individus. Les jeunes vont devoir s'interroger sur le lien qui les relie à la nation, toute chose qui devrait aller de soi et sembler naturelle. A-t-on seulement réfléchi à la nature du choix qu'on leur demandait de faire ? Pour ces jeunes qui sont en fait voués à rester en France, l'alternative se limite à participer à la vie politique française ou à rester durablement en marge de celle-ci. Que l'on ait pu imaginer qu'il y avait là un espace de liberté pour ces jeunes laisse rêveur. Il est clair, d'après l'enquête que nous avons menée, que la majorité des jeunes d'origine étrangère sont de France et restent relativement étrangers au pays de naissance de leurs parents. L'État français risque de rendre en quelque sorte « apatrides » des jeunes qui feront le mauvais choix.

Le traité de Maastricht a ouvert une brèche dans le principe jusque-là intangible de l'appartenance nationale comme fondement de la citoyenneté : sous certaines conditions de séjour, les membres de l'Union européenne peuvent participer aux élections européennes et municipales. Nous avons donc en France deux catégories d'étrangers : ceux qui viennent de l'Union européenne et les autres. La citoyenneté compte maintenant trois échelons : le citoyen français, qui participe à toutes les élections ; le citoyen de la France locale et de l'Europe ; et le non-citoyen. Cette dernière catégorie regroupe des étrangers installés parfois depuis très longtemps en France et dont les liens historiques avec notre pays sont très étroits. Comment justifier leur exclusion de la citoyenneté, au nom d'un principe qui souffre maintenant de telles exceptions ? On répondra à cela que ceux qui veulent devenir citoyens peuvent toujours demander la nationalité française. C'est tout à fait juste sauf que, pour des raisons historiques, une telle démarche est parfois si difficile qu'elle est rarement entreprise : c'est le cas des immigrés d'Algérie. La propension à l'acquisition de la nationalité française est en effet fort variable d'un courant migratoire à l'autre, et ne revêt pas un sens équivalent pour chacun. C'est ce que nous allons voir en distinguant les courants où les immigrés ont été nombreux à prendre la nationalité française (Espagnols, immigrés du Sud-Est asiatique et Africains noirs) de ceux où ils l'ont été beaucoup moins (Marocains et Portugais), et quelquefois très peu nombreux (Turcs et Algériens).

Immigrés d'Espagne, du Sud-Est asiatique et d'Afrique noire : beaucoup sont devenus français

Dans ce groupe, nous trouvons un courant ancien (l'espagnol) et deux courants très récents, pour lesquels les processus d'acquisition ont été assez variés, la place des unions avec des Français(es) y jouant un rôle inégal. Le courant espagnol a connu la rupture juridique de 1973, modifiant principalement les modalités d'acquisition par mariage (voir encadré sur les modes d'acquisition de la nationalité française des immigrés étrangers). En raison des législations différentes au fil du temps dans les modes d'acquisition par mariage, il est indispensable d'étudier l'acquisition de la nationalité française en séparant hommes et femmes.

Beaucoup d'acquisitions parmi les migrants espagnols, surtout lorsqu'ils sont arrivés jeunes, mais qui tendent à devenir moins nombreuses

La moitié des hommes originaires d'Espagne et près de 60 % des femmes sont aujourd'hui français. Peu d'entre eux se disent binationaux. Ces déclarations correspondent à une situation juridique très claire pour eux, l'Espagne ne reconnaissant pas aux résidents français, jusqu'à une date récente, le droit à la double nationalité. Très récemment (loi du 17 décembre 1990), la loi espagnole a changé et accepte certains cas de double nationalité.

Parmi les personnes devenues françaises, 30 % des hommes et 24 % des femmes ont francisé leur nom et/ou leur prénom. Généralement, et c'est un résultat que l'on retrouve pour tous les immigrés, la francisation porte sur le prénom. La francisation du nom reste rarissime : le nom

Immigrés étrangers, les modes d'acquisition de la nationalité française*

Un immigré peut devenir français, soit par décret, soit par déclaration, de manière volontaire ou automatique.

S'il est majeur, célibataire ou époux d'une étrangère, il doit, sous certaines conditions, déposer une demande de naturalisation, ou dans certains cas (Algérie par exemple) de réintégration. L'acceptation est alors à l'appréciation de l'État (la nationalité française peut être refusée pour défaut d'assimilation, par exemple) et fait l'objet d'un décret publié au *Journal officiel*.

Si la personne est mariée à un(e) Français(e), tout dépend alors de son sexe, de la date de mariage et de celle à laquelle elle a demandé la nationalité française. Jusqu'en 1973, d'après le code de la nationalité de 1945, les hommes devaient, pour devenir français, déposer une demande de naturalisation, alors que les femmes l'étaient automatiquement, sauf déclaration exprès signée au moment du mariage. Depuis la loi de 1973, hommes et femmes deviennent français par simple déclaration, auprès du juge d'instance au moment de leur choix. Cependant, jusqu'à la loi du 7 mai 1984, les hommes mariés avant 1973 étaient exclus de cette procédure. Par la suite, celle-ci étant devenue rétroactive, même les hommes mariés avant 1973 ont pu souscrire une déclaration pour devenir français.

Lorsqu'une personne acquiert la nationalité française, ses enfants mineurs étrangers deviennent également français, par effet collectif de la nationalité du (des) parents.

Une nouvelle loi votée en 1993 a modifié quelque peu ces dispositions, mais est sans objet ici, parce que postérieure à l'enquête.

---

* P. LAGARDE, *La Nationalité française*, Dalloz, Paris, 1989. S. MASSICOT, « Attribution et acquisition de la nationalité française », *Population*, 2, 1986. M. TRIBALAT, « Attribution et acquisition de la nationalité française », *Population et Sociétés*, n° 281, juillet 1993.

est légué par les ancêtres et se rapporte à l'identité des personnes ; en changer introduit une fracture dans la parenté et rompt le fil qui rattache à ses propres origines, peu s'y résolvent [1].

---

1. Ces résultats concordent avec ceux de l'enquête sur 363 dossiers d'acquisi-

La plus forte proportion de francisations parmi les hommes provient simplement du poids moindre, chez eux, des acquisitions par mariage. En effet, les francisations faisant suite à ce type d'acquisition sont beaucoup moins fréquentes, y compris chez les hommes. Il s'agit là encore d'un résultat assez général qui vaut pour la plupart des courants migratoires. Certes, les femmes prennent généralement le nom de leur mari et, lorsque celui-ci est français de souche, se retrouvent avec un nom français usuel, ce qui peut rendre le changement de prénom superflu. Pour les hommes, cet argument ne vaut plus, et il faut sans doute y voir une attitude compensatoire au fait de s'être marié en dehors du groupe.

Les migrants espagnols arrivés *avant 1960* sont presque tous devenus français (un peu plus de 80 % ; cf. tableau XLV). Il s'agissait très souvent de personnes venues enfants : les deux tiers d'entre eux avaient moins de 16 ans à leur arrivée. Or, la proportion de Français parmi les migrants enfants est double de celle des migrants adultes ; le jeune âge des immigrés venus avant 1960 a donc joué en faveur d'acquisitions massives de la nationalité française. Parmi les migrants arrivés *après 1960*, près de 40 % pour les hommes et 53 % pour les femmes sont devenus français. Ces derniers ont certes passé moins d'années en France. Mais, même à durée de séjour égale, un écart important subsiste : après 18 ans de séjour, les hommes arrivés après 1960 sont deux fois moins souvent devenus français que ceux venus avant (25 % contre 50 %). L'écart, bien qu'atténué, demeure important parmi les femmes : 42 % contre 60 %.

Certes, des acquisitions peuvent encore intervenir, mais il est douteux que les migrants espagnols entrés après 1960 puissent rattraper leur retard et atteindre un score aussi élevé **que** celui des migrants venus avant : l'article 8

---

tion, menée par A. JOBERT et M. TALLARD : *Les Naturalisés, pluralité des processus d'insertion dans la société française*, CREDOC, 1979.

TABLEAU XLV. — PROPORTION D'IMMIGRÉS D'ESPAGNE,
DU SUD-EST ASIATIQUE ET D'AFRIQUE NOIRE
DEVENUS FRANÇAIS (%)

	Hommes	Femmes
IMMIGRÉS D'ESPAGNE		
Proportion totale de Français, dont	50	59
ceux arrivés avant 1960	80	84
ceux arrivés en 1960-1974	39	53
ceux arrivés avant 16 ans	64	82
ceux arrivés célibataires après 15 ans	32	47
ceux arrivés mariés	34	32
IMMIGRÉS DU SUD-EST ASIATIQUE		
Proportion totale de Français, dont	53	62
ceux arrivés en 1975-1979	65	67
ceux arrivés en 1980-1984	32	53
ceux arrivés avant 16 ans	58	71
ceux arrivés célibataires après 15 ans	43	60
ceux arrivés mariés	36	47
IMMIGRÉS D'AFRIQUE NOIRE		
Proportion totale de Français, dont	29	38
ceux arrivés en 1975-1979	42	54
ceux arrivés en 1980-1984	19	30
ceux arrivés avant 16 ans	45	53
ceux arrivés célibataires après 15 ans	20	29
ceux arrivés mariés	19	19

du traité de Maastricht leur conférant la citoyenneté européenne ne les y incite guère.

La plus grande fréquence des acquisitions chez les femmes s'explique assez bien par la part plus importante des unions mixtes, mais surtout par la différence des régimes juridiques d'acquisition dans le mariage : au total, 36 % seulement des acquisitions masculines font suite à un mariage avec une Française, contre 52 % des acquisitions féminines.

Dans les mariages célébrés avant 1973, les trois quarts des femmes sont devenues françaises, contre seulement 44 % des hommes. Ces écarts tiennent beaucoup aux différences de régime juridique. Alors que presque toutes les femmes déclarent avoir acquis la nationalité française l'année de leur mariage, un quart seulement des hommes mariés à une Française a changé de nationalité après dix ans de mariage. L'entrée en vigueur de la loi du 7 mai 1984, incluant au bénéfice de la déclaration les mariages célébrés avant 1973, a donné un coup de fouet aux acquisitions masculines et la fréquence de celles-ci a presque doublé dans les dix années qui ont suivi.

Dans les promotions de mariages postérieures[2], on observe une très forte diminution de la fréquence des acquisitions féminines. Les femmes peuvent retarder indéfiniment leur décision : 20 % des migrantes espagnoles mariées après 1982 sont devenues françaises l'année de leur mariage contre 70 % dans les mariages antérieurs à 1973. Une tendance à la baisse touche les mariages les plus récents de migrants espagnols avec une Française, mais elle est beaucoup plus ténue, compte tenu de l'effet positif de la législation de 1973.

Au total, l'entrée en vigueur en 1992 de la libre circulation et des perspectives nouvelles offertes par l'Union européenne ne permet pas d'envisager une inversion de cette tendance. Il s'agit là d'un résultat général et qui va toucher probablement tous les modes d'acquisition. La prise en compte des motivations à l'acquisition ne modifie guère cette perspective : le réalisme et les motivations de type utilitaire l'emportent largement sur les raisons sentimentales.

Le formidable engouement des migrants du Sud-Est asiatique pour la nationalité française

Arrivés beaucoup plus tard que les précédents, les immigrés nés dans le Sud-Est asiatique sont français dans

---

2. On appelle promotion de mariage l'ensemble des mariages célébrés une même année.

une proportion voisine (tableau XLV). Ils ont donc acquis la nationalité française beaucoup plus rapidement. Ayant généralement fui leur pays, ils revendiquent très peu une double appartenance : les binationaux sont rarissimes. Ils ont souvent francisé leur prénom et/ou leur nom (40 % de ceux devenus français) et plus que tout autre groupe d'immigrés.

Pour les plus anciens, ceux arrivés en 1975-1979, la proportion de Français est déjà de deux tiers environ pour les deux sexes. L'évolution par durée de séjour chez les migrants du Sud-Est asiatique arrivés plus récemment (1980-1984) laisse présager un niveau aussi élevé pour les femmes (un peu moins de 40 % sont déjà françaises après huit ans de séjour), peut-être un peu inférieur chez les hommes (un peu moins de 20 % seulement sont français à la même durée). Ce retard à l'acquisition des hommes arrivés plus récemment explique les différences constatées suivant le sexe. La fréquence des acquisitions est la plus élevée parmi les migrants venus enfants : 58 % des hommes et 71 % des femmes. Le différentiel hommes/femmes se retrouve à tous les âges et états matrimoniaux à l'entrée. De ce fait, la proportion de Françaises parmi les femmes entrées adultes est comparable à celle des hommes venus enfants.

Le mariage avec des Français(es) joue un rôle marginal dans le processus d'acquisition de grande ampleur qui touche les immigrés du Sud-Est asiatique (17 % des hommes et 10 % des femmes seulement). Ils ont donc recouru massivement à la procédure de naturalisation, pour laquelle ils bénéficient de dispositions plus favorables (suppression du stage préalable de cinq ans) au titre de *ressortissants d'États anciennement français ou sous protectorat, mandat ou tutelle de de la France.*

Les deux tiers des immigrés du Sud-Est asiatique devenus français déclarent l'avoir fait principalement pour des raisons utilitaires : la perspective d'une garantie de séjour et de la fin des tracasseries administratives ont probablement pesé sur leur décision. Cet « engouement raisonné » pour la nationalité française a été encouragé par les associations culturelles, notamment vietnamiennes[3], et n'implique pas, on l'a vu, un abandon des traditions culturelles (sociabilité communautaire assez élevée et maintien des traditions culinaires). D'après Le Huu Koa, en devenant français, les immigrés du Sud-Est asiatique pensent faciliter la scolarité de leurs enfants, le maintien de l'unité familiale et l'acquisition de biens immobiliers : « La naturalisation s'accompagnerait de la garantie d'être traité avec plus de considération et de jouir d'une sécurité administrative autorisant les retours périodiques [...]. Une fois naturalisés dans un pays occidental, les réfugiés gouvernementaux contraints à l'exil deviennent en effet des "touristes compatriotes" bénéficiant d'un régime de faveur[4] » dans leur pays d'origine. Ainsi, paradoxalement, devenir français leur permet de réintroduire un lien avec ce pays.

Pour les migrants d'Afrique noire[5], la décision serait facilitée par l'absence de conflit d'appartenance

Les ressortissants des territoires anciennement sous administration française ont eu des facilités pour devenir français (et notamment la réintégration par déclaration pour les ex-Français et la procédure de reconnaissance). Cela a facilité les acquisitions qui ont été à la fois importantes et relativement rapides. Près de 30 % des hommes et 38 % des femmes sont actuellement français (tableau XLV). Un certain nombre d'entre eux se sont déclarés binationaux, les hommes plus souvent que les femmes (26 % et 17 % respectivement). Les francisations déclarées du prénom et/ou du nom sont peu nombreuses et reflètent en partie le fait

---

3. M. GUILLON et I. TABOADA-LÉONETTI, *op. cit.*

4. LE HUU KOA, *Les Réfugiés du Sud-Est asiatique*, ADRI, janvier 1990. Du même auteur, « Les populations du Sud-Est asiatique et les références d'intégration », *in Administration*, numéro spécial : *L'immigration*, 15 janvier 1991.

5. Ils ont 20-39 ans dans l'enquête et sont arrivés principalement au cours des années quatre-vingt.

qu'ils peuvent déjà posséder un prénom français, s'ils sont originaires de pays anciennement sous administration française. On retrouve une plus grande propension à l'acquisition parmi les femmes, quel que soit l'âge à l'entrée, et parmi les migrants enfants relativement aux migrants adultes. Hommes et femmes arrivés déjà mariés ont cependant une tendance voisine à acquérir la nationalité française, reflétant ainsi la naturalisation de familles après migration.

A durée de séjour équivalente, ils se trouvent en fait dans une situation voisine de celle des migrants espagnols entrés quelque vingt ans plus tôt : ainsi, un peu plus de 40 % des femmes (46 % pour celles d'Espagne arrivées avant 1960) et de 30 % des hommes (35 % pour ceux d'Espagne entrés avant 1960) venus en 1975-1979 sont déjà français après treize ans de séjour en France. Les migrants plus récents ont cependant pris un peu de retard par rapport à ces derniers.

Comme on l'a déjà constaté pour d'autres phénomènes, cette situation globale s'accompagne d'une grande diversité ethnique. Ce sont les populations à langue unique (Cap-Verdiens, Comoriens, Malgaches et Mauriciens) qui comptent le plus de Français : 54 % des hommes et 43 % des femmes. Viennent ensuite les ethnies de langue kwa (29 % des hommes et 36 % des femmes), les Wolof (23 % et 34 %) et les Bantu (20 % et 17 %). Les Mandés (comprenant surtout des Soninkés) ne comptent que 15 % de Français et les hommes peuhls n'ont été que 6 % à demander la nationalité française.

Un gros tiers des hommes et 42 % des femmes sont devenus français à la suite d'un mariage avec un(e) Français(e). Tous ces mariages ou presque ont été contractés après la loi de 1973 et les deux sexes sont ainsi soumis au même régime juridique. Pour les mariages les plus récents (1983-1989), après trois ans de mariage, près de 60 % des hommes sont devenus français contre 30 % des femmes seulement, soit moitié moins. L'acquisition de la nationalité par mariage, en fort accroissement dans les mariages récents contractés par les hommes venus d'Afrique noire, est au contraire ralentie chez les femmes. On peut se demander si les hommes, plus que les femmes, n'ont pas été incités à accélérer leur démarche, voire à conclure une union avec une Française, dans un contexte rendu plus difficile par la sévérité croissante de la politique migratoire.

L'examen des motifs évoqués pour demander la nationalité française semble confirmer cette hypothèse : près des deux tiers des hommes sont devenus français pour des raisons utilitaires contre 36 % des femmes seulement, ces dernières tirant plutôt les conclusions de leur séjour prolongé en France et invoquant plus souvent un motif familial.

La faiblesse du lien national, qui s'efface, en Afrique noire, derrière l'appartenance ethnique, joue probablement en faveur d'acquisitions de la nationalité française à la fois fréquentes et de type utilitariste. Contrairement à la plupart des autres groupes d'immigrés, l'acquisition de la nationalité française ne s'accompagne pas d'une raréfaction des contacts avec les amis et la famille restés au pays d'origine. Elle n'entérine pas une forte distanciation par rapport à ce dernier et ne semble donc pas entrer en conflit avec d'autres appartenances. Une aptitude au syncrétisme et à l'hybridation culturelle leur fait concevoir la nationalité française plutôt comme un atout supplémentaire.

Courants marocain et portugais : un peu plus de 15 % d'acquisitions dans les deux cas, mais des évolutions divergentes

Les courants migratoires marocain et portugais sont d'ancienneté voisine, cependant l'immigration portugaise est moins présente sur les dernières années que celle en provenance du Maroc, notamment en raison d'un étalement, pour ces derniers, du regroupement familial. Bien que comprenant globalement une fraction équivalente de personnes devenues française, les migrants portugais se distinguent par une chute très forte de la propension à devenir français parmi les plus récemment arrivés.

Les migrants portugais deviennent de moins en moins français

Globalement, 17 % des hommes et 18 % des femmes nés au Portugal sont devenus Français (cf. tableau XLVI), dont un peu moins de 20 % se déclarent binationaux. Ils ont francisé leur prénom et/ou leur nom dans environ un quart des cas. La plus forte propension à l'acquisition des femmes concerne surtout les entrants enfants. Les migrants mariés avant leur arrivée ont rarement acquis la nationalité française. Ce sont donc plutôt les entrants célibataires qui se sont naturalisés ou ont acquis la nationalité française par le mariage. Ce dernier mode d'acquisition représente près de 40 % de l'ensemble. Près de la moitié des migrants des deux sexes sont devenus français pour des raisons utilitaires.

TABLEAU XLVI. — PROPORTION D'IMMIGRÉS DU PORTUGAL ET DU MAROC DEVENUS FRANÇAIS (%)

	Hommes	Femmes
IMMIGRÉS DU PORTUGAL		
Proportion total de Français, dont	*17*	*18*
ceux arrivés en 1960-1974	18	21
ceux arrivés après 1974	7	5
ceux arrivés avant 16 ans	22	28
ceux arrivés célibataires après 15 ans	18	17
ceux arrivés mariés	8	11
IMMIGRÉS DU MAROC		
Proportion totale de Français, dont	*16*	*17*
ceux arrivés en 1960-1974	13	24
ceux arrivés après 1974	20	11
ceux arrivés avant 16 ans	20	25
ceux arrivés célibataires après 15 ans	19	33
ceux arrivés mariés	7	10

Leur entrée dans la communauté européenne s'est faite en 1986 et la libre circulation a été effective six ans plus tard. Cette perspective n'a guère été favorable à l'acquisition de la nationalité française, en dépit de la reconnaissance de la double nationalité par le Portugal dans sa nouvelle loi de 1981. Ainsi, seulement 7 % des hommes et 5 % des femmes entrés après 1974 sont devenus français, contre environ 20 % pour les migrants antérieurs. Certes, ces derniers ont eu plus de temps pour le faire, mais le niveau atteint reste un des plus bas enregistré pour les migrants entrés après 1974. Par ailleurs, l'examen des comportements d'acquisition dans le mariage indique une chute vertigineuse de la fréquence des acquisitions. La propension à l'acquisition était pourtant relativement haute : près de la moitié des hommes qui ont épousé une Française avant 1976 sont devenus français avant le dixième anniversaire de mariage, et plus de 60 % des femmes mariées avant 1983 [6] ont fait de même. Les mariages plus récents indiquent pour l'instant une chute très importante de la fréquence des acquisitions : seuls 22 % des Portugais ayant épousé une Française en 1976-1982 sont devenus français en dix ans de mariage, contre près de 50 % dans les promotions de mariage précédentes ; pour les femmes mariées en 1983-1989, 35 % sont devenues françaises dans les trois premières années du mariage contre plus de 50 % dans les promotions antérieures. L'entrée en vigueur de la libre circulation en 1992, puis l'accès à la citoyenneté européenne en 1994 ne permettent guère d'envisager un rattrapage.

---

6. Les regroupements de promotions de mariage ne coïncident pas pour des raisons d'effectifs.

Les migrants marocains : les changements de nationalité sont rarissimes chez les Berbères, mais en forte augmentation chez les hommes arabes

Au total, toutes périodes d'arrivée confondues, ce sont 16 % des hommes et 17 % des femmes qui ont acquis la nationalité française (tableau XLVI). Un tiers des hommes et un quart des femmes devenus français déclarent une double nationalité[7]. Les francisations sont assez rares (10 % des hommes et 1 % des femmes), rareté qui peut s'expliquer par une certaine résistance à la christianisation de prénoms musulmans. Les motivations de type utilitariste dominent, mais sont plus fréquentes chez les hommes (44 %) que chez les femmes (31 %). Cependant, un Marocain devenu français sur cinq a demandé la nationalité française en raison d'un attachement sentimental à la France.

La règle, vérifiée jusqu'à présent, selon laquelle les migrants venus dans leur enfance recourraient plus volontiers à la nationalité française ne l'est plus. Chez les femmes, la situation est même inverse : un quart seulement des femmes venues en France dans leur enfance ont acquis la nationalité française contre un tiers des femmes venues célibataires après l'âge de 15 ans. Ces dernières ont disposé de plus de liberté que les secondes, qui ont été élevées dans leur famille en France et dont on a vu qu'elles étaient l'objet d'un contrôle strict dans le choix d'un conjoint. Par ailleurs, l'acquisition parmi ceux qui sont venus mariés a été relativement rare.

La proportion de Français parmi les personnes entrées en 1960-1974 est plus élevée chez les femmes (24 % contre 13 % chez les hommes). Parmi les Marocaines devenues française l'année de leur arrivée en France, on compte un nombre plus important d'« Européennes et/ou juives[8] ».

---

7. L'attribution de la nationalité marocaine est fondée sur la filiation paternelle. Un Marocain peut acquérir une autre nationalité sans perdre la sienne.

8. Ou, plus exactement, dont nous supposons qu'elles le sont, parce que ni berbères ni arabes.

En ne retenant que les Arabes et les Berbères, on observe en fait des niveaux voisins entre hommes et femmes. La proportion d'Arabes du Maroc entrés en 1960-1974 et devenus français serait de l'ordre de 14 % chez les femmes, un peu plus élevée chez les hommes. Parmi les Berbères, l'acquisition de la nationalité française est exceptionnelle et très tardive : près de 4 % des hommes et 3 % des femmes entrées avant 1975, dont aucun n'est devenu français avant la quinzième année de séjour.

Une évolution opposée suivant le sexe se fait jour parmi les migrants les plus récents, et touche essentiellement les Arabes. Les femmes entrées après 1974 ne sont plus que 11 % à avoir pris la nationalité française, contre 20 % parmi les hommes. Si, pour les femmes, ce niveau n'est pas inférieur, à durée de séjour équivalente, à celui constaté dans les entrées antérieures, pour les hommes, l'accroissement est spectaculaire.

L'acquisition par mariage joue probablement un rôle moteur : 41 % des acquisitions concernent des hommes ayant épousé une Française, contre 25 % seulement parmi les femmes. Certes, ce type de mariage a été plus fréquent chez les hommes, mais il les a aussi plus souvent conduits à prendre la nationalité française. Ce phénomène n'est pas sans rappeler celui observé chez les migrants d'Afrique noire. En effet, près de 40 % des Marocains mariés à une Française en 1983-1989 ont acquis la nationalité française avant le quatrième anniversaire de mariage, contre 20 % des femmes mariées avant 1987[9]. Les 40 % atteints en trois ans de mariages chez les Marocains sont à comparer aux 16 % des promotions de mariage antérieures.

Ainsi, non seulement la propension au mariage mixte s'est accrue parmi les Marocains entrés après 1974, mais ces mariages ont été suivis rapidement d'une acquisition de nationalité. Dans le contexte d'une politique migratoire

---

9. Les dates ne sont pas identiques, faute d'effectifs suffisants, mais la comparaison ne s'en trouve pas affaiblie.

extrêmement restrictive, nul doute que ces hommes trouvent là un statut leur offrant toute protection. Paradoxalement, cette politique a rendu très attractif le mariage mixte et, plus généralement, tout mariage avec une Française qui assure le droit au séjour, la sécurité maximale étant atteinte avec l'acquisition de la nationalité française.

Acquisitions rares parmi les migrants algériens et turcs : une fausse similitude

Les niveaux voisins d'acquisition dans les courants turc et algérien, extrêmement faibles sauf chez les femmes nées en Algérie, correspondent à des motivations très différentes. Ils ont cependant en commun le caractère tardif des acquisitions de nationalité française.

Les migrants turcs : fermeture des familles

Globalement, 9 % des hommes et 7 % des femmes seulement sont devenus français (tableau XLVII). On compte un petit tiers de binationaux et de francisations du prénom et/ou du nom. Une fois français, le passage à un prénom chrétien ne semble donc pas avoir constitué un obstacle important. La part des acquisitions par mariage est relativement faible (28 % chez les hommes) et les motifs utilitaristes dominent.

En fait, la proportion d'acquisitions parmi les hommes entrés avant 1975 est voisine de celle observée chez les migrants marocains, à durée de séjour équivalente ; chez les femmes, elle est légèrement inférieure. En revanche, les migrants turcs entrés plus récemment comptent encore très peu de Français. Rien n'indique cependant qu'au total la fréquence des acquisitions y aura régressé car les Turcs ne deviennent français que tardivement. Il faut reconnaître que la loi sur la nationalité en Turquie n'incite guère à une acquisition rapide. Cette législation et son évolution méri-

	Hommes	Femmes
IMMIGRÉS DE TURQUIE		
Proportion totale de Français, dont	*9*	*7*
ceux arrivés avant 1975	13	17
ceux arrivés en 1975-1979	7	5
ceux arrivés avant 16 ans	6	6
ceux arrivés célibataires après 15 ans	16	14
ceux arrivés mariés	6	4
IMMIGRÉS D'ALGÉRIE		
Proportion totale de Français, dont	*8*	*14*
ceux arrivés avant 1975	9	18
ceux arrivés après 1974	7	10
ceux arrivés avant 16 ans	15	19
ceux arrivés célibataires après 15 ans	6	22
ceux arrivés mariés	6	11

tent que l'on s'y arrête car elles révèlent la fidélité exigée par l'État turc vis-à-vis de ses expatriés et le contrôle qu'il peut exercer sur eux.

Le code de la nationalité turc de 1928 a été retouché en 1964 et en 1981. D'après la loi de 1964, toute personne ayant volontairement acquis une autre nationalité était passible d'une sanction de perte de nationalité. Lorsque cette acquisition avait un caractère automatique, la personne était *mise en congé de nationalité*. La double nationalité n'était donc pas tolérée. Avec la nouvelle loi de 1981, tout ressortissant turc peut acquérir une autre nationalité en conservant la sienne, pourvu qu'il respecte un dispositif assez compliqué : il doit résider à l'étranger sans interruption depuis au moins sept ans ; il doit demander l'autorisation au ministère de l'Intérieur turc, qui lui délivre alors un permis valable trois ans, période pendant laquelle l'intéressé doit fournir des renseignements détaillés d'ordre familial et professionnel, mais aussi sur le déroulement de la procédure, faute de quoi il perdra sa nationalité turque ; il doit enfin maintenir des contacts avec les autorités turques. Autrement dit, la procédure de naturalisation, dont on regrette la lourdeur en France, est doublée, pour les Turcs, d'une procédure au moins aussi lourde du côté turc, et c'est finalement l'État turc qui décide, avant toute intervention de l'État français, si le requérant turc est autorisé à déposer sa demande.

En fait, lorsqu'on prend en compte l'âge et l'état matrimonial au moment de l'entrée en France, on se rend compte que les migrants turcs qui demandent le plus facilement la nationalité française sont arrivés adultes et célibataires. Dans les familles déjà constituées avant l'arrivée en France, soit la majorité des cas, très peu prennent la nationalité française, qu'il s'agisse des parents ou des enfants. Ce résultat corrobore ceux sur la maîtrise du français, les unions et la sociabilité et donne l'image d'une communauté très fermée à la société française. Soulignons qu'objectivement les Turcs ne remplissent guère les conditions d'assimilation requises pour la naturalisation — « se distinguer aussi peu que possible, par le langage, la manière de vivre, l'état d'esprit, le comportement à l'égard des institutions françaises, des Français au milieu desquels la personne vit [10] ».

Refus encore important de la nationalité française par les migrants algériens : une vieille histoire entre eux et nous

Sans tenir compte des rapatriés français à leur arrivée en France, la proportion globale de Français est de 8 % chez les hommes et de 14 % chez les femmes (tableau XLVII). Ces proportions ne sont en fait, pour les hommes, que 6 % chez les Berbères comme chez les Arabes [11], et, pour les femmes, respectivement de 6 % et 16 %. Ainsi, la propension à l'acquisition française a été extrêmement basse

---

10. Cf. S. MASSICOT, *op. cit.*
11. Le 8 % global pour le sexe masculin est obtenu en y ajoutant les hommes européens qui sont venus en France à cette époque.

chez les Berbères et les hommes arabes, et même inférieure à celle observée chez les migrants turcs. Seules les femmes arabes connaissent un niveau voisin de celui des femmes nées au Portugal ou au Maroc.

Avant 1975, il est entré beaucoup moins de femmes que d'hommes (environ deux fois moins). Ce déséquilibre explique que 18 % de femmes soient devenues françaises pour moitié moins d'hommes. Les hommes entrés avant 1960, et qui résidaient donc en France pendant la guerre d'Algérie, ont été très rebelles à une « conversion » à la nationalité française [12]. En dehors de ce qui se passait en Algérie même, le climat d'hostilité dont ils ont été victimes a probablement nourri un rejet très fort de la nationalité française. La proportion des Arabes et des Berbères devenus français est toujours plus faible que ce que l'on observera par la suite. En outre, les acquisitions ont été extrêmement tardives : après dix ans de séjour, moins de 1 % des Arabes est devenu français et aucun Berbère. Un point de comparaison intéressant est fourni par les migrants espagnols entrés sur la même période, dont 20 % étaient devenus Français après dix ans passés en France.

Les Algériens entrés plus récemment (après 1975) ne sont encore que 7 % pour les hommes et 10 % pour les femmes à avoir acquis la nationalité française. Ce niveau, pour une durée de séjour en moyenne beaucoup plus faible, permet d'envisager une progression des acquisitions de nationalité.

Les acquisitions à la suite d'un mariage avec une Française regroupent 35 % des hommes et 30 % des femmes devenus français. Les hommes demandent un peu plus volontiers la nationalité française dans ce cadre : 17 % des Algériens mariés à une Française avant 1973 ont changé de nationalité en vingt ans de mariage. Une très légère progression est enregistrée pour les mariages les plus récents. Pour les femmes mariées avant 1984, 9 % seulement

---

12. Un droit d'option ouvert à l'indépendance de l'Algérie a pu être exercé jusqu'au 22 mars 1967. Les personnes ayant opté pour la nationalité française sont réputées n'avoir jamais cessé d'être françaises.

avaient pris la nationalité française, en neuf ans de mariage. Une partie de ces unions ont été célébrées avant 1973 et relevaient donc du code de la nationalité de 1945 qui prévoyait que les femmes étaient automatiquement françaises, sauf déclaration exprès signée au moment du mariage. On a souvent pensé que cette loi constituait une facilité pour les femmes. Si tel était bien le cas des Espagnoles qui ne manifestaient aucune répugnance à devenir françaises, ce ne l'était plus des Algériennes. Pour elles, la décision précipitée qu'elles avaient à prendre au moment du mariage a eu l'effet inverse.

Les mariages plus récents indiquent une forte croissance des acquisitions : 29 % des femmes mariées en 1981-1988[13] sont devenues françaises durant les quatre premières années du mariage.

Le caractère utilitaire de l'acquisition de la nationalité française est un peu moins souvent invoqué (un tiers) que dans la plupart des autres courants migratoires, et l'aspect sentimental intervient à peu près autant que chez les migrants marocains (un cas sur cinq).

La proportion de binationaux déclarés est extrêmement faible (6 % des hommes et 9 % des femmes devenus français), surtout si on la compare à celle des migrants marocains (un tiers des hommes et un quart des femmes) dont la législation du pays d'origine est voisine. On ne peut donc à la fois être français et algérien, et se référer ainsi à deux identités conflictuelles. Les francisations du prénom et/ou du nom sont naturellement très faibles (3 % des hommes et 10 % des femmes).

En matière d'acquisition, les hommes sont généralement en retrait par rapport aux femmes : confinées à l'intérieur domestique, les femmes ont peut-être moins intégré le conflit culturel ambiant du temps de la colonisation française. Il faut rappeler, comme le fait J.-P. Péroncel-Hugoz

---

13. Compte tenu de la faiblesse des effectifs, les groupes de promotions de mariages se chevauchent en partie.

dans un article du *Monde*, que deux *fatwas*, émises du temps de la présence française en Algérie (1889 et 1931)[14] faisaient du naturalisé un apostat. Or, la loi coranique prévoit, dans ce cas, la peine capitale pour l'homme et l'emprisonnement à vie pour la femme[15]. M. Kehllil[16] explique, lui aussi, la faible propension des Kabyles à devenir français par le souvenir d'un sénatus-consulte datant de 1865 et qui offrait aux Algériens la possibilité d'accéder à la pleine citoyenneté française par la renonciation au statut musulman, ce qui donnait au naturalisé une fort mauvaise réputation. Ajoutons que les Kabyles ont joué un rôle de tout premier plan dans l'indépendance nationale de l'Algérie et sont, de ce fait, rebelles à la naturalisation.

Les jeunes nés en France de parents immigrés : Français de France

Nés en France, il sont généralement français, depuis la naissance quelquefois, sinon depuis leur majorité. L'encadré de la page suivante permet de faire le point sur la législation antérieure à la loi de 1993 et qui concerne les jeunes enquêtés en 1992.

Nationalité : la singularité des jeunes gens d'origine portugaise

Les jeunes d'origine algérienne se sont pratiquement tous déclarés français, les garçons comme les filles. Les jeunes d'origine espagnole, auxquels est appliqué un autre régime

---

14. Celle de 1889 a été émise par le cheik Ahmed Hamani, président du conseil supérieur islamique d'Algérie et celle de 1931 par Abdelhamid Ben Badis, chef de file des théologiens réformistes. Cf. « Les origines d'une "guerre civile et culturelle" », *Le Monde*, 19 mai 1994.

15. Cf. code pénal de la ligue arabe de 1986. Mais ces peines ne sont reprises dans aucune des législations arabes.

16. *L'Exil kabyle, essai d'analyse du vécu des migrants*, L'Harmattan, Paris, 1979.

Nés en France, dispositions du code
de la nationalité française[*]

Les jeunes d'origine étrangère de notre échantillon sont tous nés entre le 1er janvier 1963 et le 31 décembre 1972. Ceux dont les parents sont nés en Algérie sont donc tous français de naissance (en application de l'article 23), sauf s'ils ont été autorisés, par décret, à perdre la nationalité française.

Les jeunes nés en France de deux parents nés en Espagne ou au Portugal sont français si leurs parents sont devenus français lorsqu'ils étaient mineurs, ou s'ils n'ont pas décliné la nationalité française dans l'année qui précède leur majorité, ou encore s'ils n'ont pas demandé (et été autorisés à le faire) à perdre la nationalité française par la suite.

Ceux qui sont nés d'un parent né en France sont français depuis la naissance, avec faculté de répudier la nationalité française dans les six mois qui précèdent la majorité.

Les enquêtés ont tous entre 20 et 29 ans et ont donc dépassé les moments de choix prévus par la loi.

---

[*] P. LAGARDE, S. MASSICOT et M. TRIBALAT, *op. cit.*

---

juridique, ne sont que 5 % pour les filles et 9 % pour les garçons à se dire étrangers. Pour les jeunes d'origine portugaise, ces proportions sont respectivement de 3 % et de 16 %.

Ainsi, les jeunes restés espagnols ou portugais sont, dans leur grande majorité, des garçons : 71 % des premiers et 86 % des seconds. Il ne semble pas qu'il s'agisse ici de mauvaises déclarations, car presque tous disent avoir décliné la nationalité française à leur majorité. Ces chiffres confirment tout à fait ce que l'on observe gobalement à partir des statistiques de déclinaison de la nationalité française [17]. La proportion non négligeable de garçons portugais décidant de le rester tient, nous le verrons, aux facilités

---

17. Sous-direction aux naturalisations (ministère des Affaires sociales), *La Politique de la nationalité dans les chiffres*, publication annuelle.

d'exemption du service national que leur offre l'État portugais. La nouvelle loi sur la nationalité de 1993, qui les oblige à faire une démarche pour devenir français entre 16 et 21 ans, et les dispositions du traité de Maastricht sur la citoyenneté européenne, risquent également de les dissuader de devenir français.

Cependant, 40 % des jeunes qui ont choisi de rester étrangers souhaitent se raviser, mais très peu ont engagé une procédure. Les refus de la nationalité française étant principalement liés au désir des garçons d'être exemptés du service national, ces derniers ont intérêt à attendre d'avoir dépassé leur vingt-neuvième anniversaire pour ne pas risquer une incorporation dans l'armée française[18].

Les jeunes nés de deux parents immigrés se déclarent binationaux dans une proportion voisine de celles des immigrés de même origine, sauf lorsque les parents sont nés en Algérie. La double appartenance, rejetée dans la génération des parents, prend ici une autre signification. Étant nés français, se réclamer de la double nationalité leur permet, au contraire, de réintroduire un lien avec le pays des parents : un tiers des jeunes gens et un cinquième des jeunes femmes le font. Lorsqu'un des parents est né en France, peu de jeunes se déclarent alors binationaux. Mais si l'autre parent est né en Algérie, ils sont encore 10 % à le faire.

Ces jeunes sont perçus comme des étrangers dans le pays des parents

Les jeunes d'origine étrangère se rendent quelquefois dans le pays des parents, à l'occasion des vacances. Si la plupart y sont allés au moins une fois depuis leur naissance, un quart des jeunes nés de deux parents nés en

---

18. Rappelons que les jeunes d'origine étrangère de l'enquête ont entre vingt et vingt-neuf ans.

Algérie ne l'ont pas fait, de même que la moitié des jeunes nés dans un couple franco-algérien.

Ces visites sont relativement fréquentes parmi les jeunes d'origine espagnole ou portugaise : ils y sont allés en moyenne près de deux fois au cours des trois dernières années. Elles sont, au contraire, assez rares chez les jeunes d'origine algérienne : 0,4 fois pour les hommes et 0,2 fois pour les femmes, en moyenne, au cours des trois dernières années. Ces visites sont toujours moins fréquentes lorsqu'un des parents est né en France.

Lors de ces séjours, les jeunes se sentent perçus comme des étrangers : environ les trois quarts des enfants de deux parents immigrés, quelle que soit leur origine. Si ce sentiment est encore majoritaire parmi les jeunes nés dans un couple mixte, il est, paradoxalement, moins fréquent : 60 % chez les enfants des couples franco-algériens, par exemple. Ces écarts suivant la composition du couple parental reflètent plus des différences dans les attentes des uns et des autres qu'une plus grande proximité des enfants des couples mixtes avec le pays d'émigration.

Cette perception est encore plus forte chez les jeunes femmes. L'écart maximal suivant le sexe est enregistré parmi les enfants d'immigrés d'Algérie : 80 % des femmes contre 65 % des hommes.

Ils ne sont guère tentés par une installation au pays des parents, surtout ceux d'origine algérienne

Les jeunes d'origine étrangère déclarent massivement ne pas vouloir aller vivre dans le pays de leur(s) parent(s). Cependant, cette détermination est plus ou moins forte suivant leur origine. Ceux d'origine espagnole envisagent plus volontiers de s'y installer : 28 % des jeunes dont les deux parents sont nés en Espagne et 22 % des jeunes dont un seul parent y est né. C'est encore le cas, respectivement, de 20 % et 15 % des jeunes d'origine portugaise. En revanche, seulement 11 % des jeunes dont les deux parents sont nés en Algérie pensent quelquefois aller vivre en Algérie, et 7 % seulement lorsqu'un seul parent y est né.

Si on leur demande ce qui pourrait les décider à s'installer dans le pays des parents, ils pensent en priorité à une opportunité professionnelle. Les jeunes d'origine espagnole ou portugaise invoquent aussi la meilleure qualité de la vie et ceux d'origine algérienne des raisons plutôt d'ordre affectif. Ces derniers pourraient également y être incités par des changements politiques et économiques en Algérie ou une dégradation du climat politique en France.

Pour la majorité des jeunes qui ne pensent jamais à aller vivre dans le pays des parents, rien n'est de nature à les y décider, surtout lorsqu'ils sont d'origine algérienne. Les esprits sont un peu moins résolus chez les jeunes d'origine espagnole ou portugaise, qu'une opportunité professionnelle en Espagne pourrait encore décider.

En fait, l'idée d'aller tenter leur chance dans le pays des parents, déjà peu présente dans les esprits de l'ensemble des jeunes, s'atténue encore plus lorsqu'ils ont quitté le foyer de leurs parents et ont entrepris une insertion professionnelle en France. On n'en trouve quasiment plus chez les jeunes d'origine algérienne : 5 % lorsque les deux parents sont nés en Algérie, 3 % lorsqu'un seul y est né.

Force est donc de constater que les jeunes d'origine étrangère ayant aujourd'hui atteint l'âge adulte sont de France et que l'on ne peut en aucune manière compter sur leur départ. Cela vaut encore plus pour les jeunes d'origine algérienne, tous français depuis leur naissance. Pour eux, la situation en Algérie est tellement difficile qu'elle inhibe tout désir de vivre au pays des parents. En outre, la coupure entre les modes de vie des jeunes en France et en Algérie est si forte qu'ils ne souhaitent pas aller y vivre, les jeunes femmes surtout ; ils y font d'ailleurs figure d'étrangers.

L'armée, « école de rattrapage de l'esprit national » ?

J.-P. Chevènement, alors qu'il était ministre de la Défense, faisait en 1990, dans la revue *Hommes et Migrations*[19] consacrée au service national, la déclaration suivante : « La première mission du service national est de donner aux jeunes Français une formation militaire et de mettre au service de la nation des éléments nombreux et de *qualité* [...]. Il joue le rôle d'une *école de rattrapage de l'esprit national* qui est, à mon sens, le meilleur facteur d'intégration. »

Si le service national est souvent vanté comme un élément du creuset français, nous disposons en fait de peu d'éléments pour en juger. La première condition, pour qu'il en soit ainsi, serait que les jeunes Français d'origine étrangère fassent leur service dans les mêmes conditions que les autres. Le rapport du colonel Biville rendu à J.-P. Chevènement en avril 1990 est resté confidentiel ; seuls quelques extraits ont fait l'objet d'une publication[20]. Ces extraits décrivent la situation des jeunes incorporés dans l'armée, mais ne traitent pas des pratiques d'exemption. L'enquête permet d'aborder cette question.

Cas singulier des jeunes d'origine algérienne où les exemptions sont massives

En fait, la situation juridique des jeunes Français d'origine algérienne est extrêmement complexe. En effet, d'après la convention bilatérale du 11 octobre 1983, les jeunes Français d'origine algérienne peuvent choisir de servir soit en France, soit en Algérie. Certains jeunes souscrivent, avant leur majorité, une déclaration dans laquelle ils optent soit pour l'armée française, soit pour l'armée algérienne, les

---

19. N° 1138, *Service national : le creuset*, 1990.

20. Cf. *Hommes et Migrations, op. cit.*, et *Rapport consultatif de la Commission des droits de l'homme : la lutte contre le racisme et la xénophobie*, La Documentation française, Paris, 1992.

autres sont appelés à 20 ans. La Direction des sanctions militaires estime ainsi à 20 % la proportion de jeunes ayant rempli une déclaration d'option, dont 82 % en faveur de l'Algérie. Pour les cas d'ores et déjà réglés, l'armée française, comme l'armée algérienne, réforme « à tour de bras » : environ deux tiers dans les deux cas.

D'après l'enquête, 18 % des jeunes nés de deux parents nés en Algérie choisissent l'armée algérienne, contre 16 % d'après les estimations de l'armée : les résultats sont donc tout à fait concordants. L'enquête confirme également que seul un tiers des jeunes ayant choisi l'armée algérienne font effectivement leur service national. Au total, sur l'ensemble des jeunes qui ont fait leur service militaire, 15 % seulement ont servi dans l'armée algérienne.

Environ 28 % de l'ensemble des jeunes Français sont exemptés, réformés ou dispensés par l'armée française. On observe une proportion voisine parmi les jeunes Français d'origine espagnole ou portugaise. Elle est, en revanche, très supérieure chez ceux d'origine algérienne (près de la moitié), que les deux parents ou un seul soient nés en Algérie. Ce résultat est proche des estimations réalisées par le CESPAT[21] : 35 % d'exemptions, 5 % de dispenses et 4 % de réformes, soit un total de 44 %.

Ni le niveau scolaire, ni la plus forte concentration des jeunes en région parisienne, où l'exemption est plus forte, ne suffisent à justifier la faible proportion de conscrits d'origine algérienne. L'explication doit être recherchée dans les pratiques des centres de sélection. Nous avons, dans ce but, interrogé des médecins du centre de sélection de Vincennes sur leurs propres pratiques. D'un point de vue strictement médical, il semble que les jeunes Français d'origine algérienne arrivent au centre de sélection avec des problèmes de santé divers, en raison d'un faible suivi médical : problèmes notamment auditifs (otites mal soignées), ophtalmiques et de carence alimentaire. Ils ne sauraient

---

21. Centre d'études sur la sélection du personnel de l'armée de terre.

cependant tout expliquer. Dans les centres de sélection, sont également pris en compte des problèmes psycho-sociologiques d'ordres divers dont la liste est longue : carence psycho-affective, immaturité, intolérance à la frustration, forte agressivité, appétence toxique, délits, signes apparents d'une intolérance religieuse, etc. En définitive, l'armée rejette les jeunes qui paraissent avoir des problèmes de nature à troubler la vie collective et qui sont mal socialisés, l'armée ne se reconnaissant pas de mission de rééducation (cf. propos de J.-P. Chevènement cités plus haut). Certaines zones des banlieues parisiennes sont réputées en fournir en grand nombre. S'ajoutent, à tous ces éléments généraux, d'autres plus spécifiques : l'armée exempte les jeunes qui refusent de servir dans l'armée française et ont eu un membre de famille proche victime de la guerre d'Algérie. Enfin, il nous semble que ce conflit est encore trop frais dans les mémoires des militaires eux-mêmes pour qu'ils n'en gardent pas, sinon un ressentiment, du moins une dépréciation de l'image du jeune d'origine algérienne en tant que soldat : contrairement à ce qui s'est produit au Viêt-nam, l'armée française s'est retirée d'Algérie sans avoir été vaincue au combat.

Astuce des enfants de migrants portugais pour échapper au service national

A l'heure actuelle, il n'y a pas de convention entre la France et le Portugal en matière d'obligations militaires. Un jeune qui a rempli ses obligations auprès de l'État portugais peut théoriquement être appelé à le faire aussi en France ; dans la pratique, cela ne se produit pas. L'exemption par le Portugal est en fait très facile à obtenir : il suffit que le jeune Portugais se présente au consulat au cours des deux premiers mois de l'année de son dix-huitième anniversaire en déclarant ne pas vouloir faire son service ; il lui en coûtera 4 francs, et 4 francs encore à 29 ans lorsqu'il ira déclarer qu'il réside toujours en France. Tout jeune Portugais ayant décliné la nationalité française est donc sûr de pouvoir échapper au service national : 16 % l'ont fait, proportion finalement assez faible au regard des avantages attachés au refus de la nationalité française pour les jeunes Portugais.

A ces 16 % on doit ajouter les 4 % déclarant avoir été exemptés, bien qu'également français, par l'armée portugaise et les 25 % de jeunes qui sont passés par l'armée française et ont été rejetés ; soit au total 45 %, proportion voisine de celle observée chez les jeunes d'origine algérienne.

Ainsi, dans les deux cas, un jeune sur deux ne fait pas son service. Le cas des jeunes d'origine algérienne reste le plus problématique car leur rejet massif concerne en priorité ceux qui ont le plus de difficultés ; drôle d'école de rattrapage qui laisse de côté ceux qui en ont le plus besoin !

Exercice de la citoyenneté : inscription sur les listes électorales

En 1992, le traité de Maastricht n'était pas encore ratifié et seuls les Français pouvaient voter. C'est donc en premier lieu la proportion d'immigrés français inscrits sur les listes électorales qui nous intéresse.

Les Français nés en Espagne sont inscrits comme la moyenne des Français, les autres un peu moins

Comme la moyenne des Français, neuf Français originaires d'Espagne sur dix sont inscrits sur les listes électorales (tableau XLVIII). C'est encore le cas de 70 % à 80 % des Français originaires d'Algérie, du Maroc et du Portugal, les femmes l'étant toujours moins que les hommes. Pour les autres (nés en Turquie, dans le Sud-Est asiatique et en Afrique noire), la proportion d'inscrits est plutôt voisine des deux tiers, sauf chez les femmes originaires

TABLEAU XLVIII. — PROPORTION D'IMMIGRÉS FRANÇAIS
INSCRITS SUR LES LISTES ÉLECTORALES,
MOYENNE NATIONALE (%)

Femmes nées en Espagne	91
Hommes nés en Espagne	91
Femmes (moyenne nationale)	90
Hommes (moyenne nationale)	89
Hommes nés au Portugal	83
Hommes nés en Algérie	80
Hommes nés au Maroc	76
Femmes nées au Portugal	76
Femmes nées au Maroc	72
Femmes nées en Algérie	69
Hommes nés en Turquie	67
Femmes nées en Turquie	66
Hommes nés au Sud-Est asiatique	64
Hommes nés en Afrique noire	63
Femmes nées en Afrique noire	55
Femmes nées au Sud-Est asiatique	49

du Sud-Est asiatique et d'Afrique noire, où elle est encore inférieure.

Français nés en Espagne exceptés, les écarts suivant le pays d'origine tiennent surtout à des différences d'ancienneté de l'acquisition de la nationalité. On observe en effet des différences de comportements nettes chez les Français de fraîche date : la proportion d'inscrits passe ainsi d'un maximum de 74 %, chez les Français nés au Portugal, à un minimum de 37 % chez les Françaises nées au Sud-Est asiatique. Après dix ans d'ancienneté d'acquisition, les écarts sont minimes.

Poids des votants potentiels dans l'ensemble des immigrés, qu'ils soient français ou non

Finalement, compte tenu de la proportion d'immigrés français propres à chaque courant migratoire, le poids des électeurs immigrés varie beaucoup avec le pays d'origine.

Environ la moitié des immigrés d'Espagne sont en capacité de voter (c'est-à-dire à la fois de nationalité française et inscrits sur les listes électorales), un tiers des migrants du Sud-Est asiatique, un immigré d'Afrique noire sur cinq, près de 15 % des immigrés du Portugal, 12 % de ceux du Maroc et quelques pour cent seulement des immigrés d'Algérie ou de Turquie.

Lors des prochaines élections municipales, ce sont en fait 90 % des immigrés d'Espagne et environ les trois quarts de ceux du Portugal qui pourront voter, en supposant qu'ils s'inscrivent en proportion comme le font ceux qui sont actuellement français ; à comparer aux quelque 8 % d'immigrés d'Algérie. Voilà un déséquilibre qui ne peut manquer de faire réfléchir.

Les jeunes Français d'origine étrangère majoritairement inscrits sur les listes électorales, mais généralement moins que les autres Français du même âge

Un peu plus de 80 % des jeunes Français âgés de 20-29 ans sont inscrits sur les listes électorales (tableau XLIX). Seuls les jeunes nés dans un couple franco-espagnol se sont inscrits dans une proportion voisine. C'est encore le cas des trois quarts des jeunes dont les deux parents sont nés en Espagne, un peu plus de 70 % des garçons nés d'un couple franco-portugais et nettement moins pour les autres : entre 50 % et 60 % selon l'origine des parents. Ainsi, un peu moins de 60 % de l'ensemble des jeunes d'origine algérienne sont inscrits, sans écart remarquable entre homme et femmes.

La structure par âge de ces jeunes, variable d'un groupe à l'autre, explique une partie des différences, les plus jeunes étant moins souvent inscrits que les plus âgés. La proportion des inscrits parmi les 25-29 ans s'en trouve améliorée, sans grand changement cependant dans le classement par origine. A cet âge, deux tiers des jeunes d'origine algérienne

TABLEAU XLIX. — PROPORTION DE JEUNES FRANÇAIS
D'ORIGINE ÉTRANGÈRE INSCRITS SUR LES LISTES ÉLECTORALES
ET MOYENNE NATIONALE (%)

	20-29 ans	25-29 ans
Femmes nées d'un couple franco-espagnol	84	93
Hommes nés d'un couple franco-espagnol	84	85
Hommes (moyenne nationale)	84	87
Femmes (moyenne nationale)	83	87
Femmes nées de deux parents nés en Espagne	74	79
Hommes nés de deux parents nés en Espagne	72	88
Hommes nés d'un couple franco-portugais	72	—
Hommes nés d'un couple franco-algérien	66	71
Femmes nées d'un couple franco-algérien	61	71
Hommes nés de deux parents nés au Portugal	57	76
Femmes nées de deux parents nés en Algérie	57	65
Hommes nés de deux parents nés en Algérie	56	63
Femmes nées d'un couple franco-portugais	55	—
Femmes nées de deux parents nés au Portugal	50	62

sont inscrits, un peu plus en cas de couple parental franco-algérien.

Nous sommes loin des affirmations habituellement propagées sur l'exercice de la citoyenneté parmi les « Beurs » qui soulignent inconsidérément le faible engagement politique et le retard des garçons sur les filles. En effet, d'après une enquête réalisée par A. Muxel en 1987 auprès de jeunes âgés de 17-19 ans comportant un échantillon de « Beurs » identifiés par le pays de naissance du père et leur appartenance religieuse, 23 % des filles et 10 % des garçons seulement seraient inscrits sur les listes électorales, résultats qui n'ont pas manqué d'être expliqués et d'une certaine manière justifiés. Or cette enquête souffrait de deux défauts majeurs : les enquêtés sont beaucoup trop jeunes pour qu'on puisse en déduire quoi que ce soit sur leur comportement électoral, et de plus la nationalité n'est même pas prise en compte[22].

---

22. A. MUXEL op. cit. ; R. LEVEAU et C. DE WENDEN op. cit.

Conclusion

L'enquête « Mobilité géographique et insertion sociale », au terme de quelques mois d'exploitation, livre quantité de résultats inédits, dont la lecture transversale met en lumière divers aspects de l'assimilation des immigrés et ébouriffe le lecteur en contredisant quelques lieux communs ou en retouchant certaines représentations collectives. Elle suscite également un étonnement sur l'exception turque et appelle une réflexion particulière sur les populations originaires d'Algérie. Enfin, elle révèle les nouveaux aspects de l'immigration étrangère qui pèsent encore peu dans la population immigrée installée en France, mais sont induits par le virage de la politique migratoire des années soixante-dix vers un contrôle toujours plus grand des entrées aux frontières de l'Union européenne.

Les réalités de l'assimilation

Les principaux indicateurs — déperdition des langues d'origine au fil des générations, laminage des pratiques matrimoniales traditionnelles, progression des unions mixtes, aménagement des pratiques religieuses, ouverture des pratiques sociales sur la société française, mobilité sociale, élaboration d'un lien national — montrent, à quelques exceptions ponctuelles près sur lesquelles il nous faudra revenir, que l'assimilation est à l'œuvre.

La manière dont les immigrés maîtrisent le français dépend fortement de leur niveau d'alphabétisation et du degré d'enclavement du groupe d'origine. Les migrants d'Afrique noire sont les plus nombreux à savoir écrire notre langue. Des difficultés spécifiques apparaissent pour les femmes recluses dans l'univers domestique. Cependant, la plupart des immigrés ont fait l'effort d'introduire le français dans la communication familiale. Ainsi, beaucoup de jeunes d'origine algérienne, par exemple, déclarent le français comme langue maternelle et, pour la moitié d'entre eux, sans l'associer à l'arabe ou au berbère. Une forte déperdition des langues d'origine concerne presque tous les groupes et, là encore, les originaires d'Algérie sont à la pointe : l'illettrisme des parents n'a pas permis une transmission de leur langue. Si les jeunes d'origine algérienne arrivent encore à comprendre à peu près l'arabe (ou le berbère), un sur trois est dans l'impossibilité de le parler et la transmission à leurs propres enfants est très faible.

Les pratiques matrimoniales traditionnelles, élément déterminant de l'organisation des sociétés, subissent une déstructuration importante dans les populations originaires d'Algérie et du Maroc : le mariage entre cousins s'efface et les familles interviennent moins directement dans le choix du conjoint de leurs enfants.

Les unions mixtes augmentent fortement dans les jeunes générations élevées en France originaires d'Espagne et du Portugal. Ces unions sont loin d'être exceptionnelles chez les jeunes des familles venues d'Algérie ou du Maroc, et progressent avec la génération née en France : la moitié des garçons et le quart des filles d'origine algérienne vivent avec un conjoint français de souche. Cependant, pression sociale et familiale s'exercent encore fortement sur les enfants des familles venues d'Algérie, les jeunes filles surtout. Ces dernières, lorsqu'elles ne vivent pas en couple avec leur petit ami, ont encore choisi, dans deux cas sur trois, un jeune homme de même origine ethnique. Une résistance au modèle traditionnel, cumulée aux difficultés d'insertion professionnelle, se traduit par une certaine vacuité dans le domaine de la vie amoureuse et un retard important à la mise en couple. Dans ce contexte, l'union libre apparaît comme une forme privilégiée et durable de la formation des unions mixtes, compromis acceptable évitant la publicité d'un mariage socialement désapprouvé, ou situation d'attente d'un apaisement familial.

Les polémiques autour du foulard et les éclats médiatiques sur l'activisme d'intégristes musulmans en France laissent croire à une montée d'un fondamentalisme religieux dont l'Algérie serait en quelque sorte le porte-drapeau. L'enquête fait éclater cette globalisation de l'islam : un monde sépare le musulman moyen originaire d'Algérie de celui du Mali ou de Turquie. La diversité est encore plus grande lorsqu'on descend à un niveau plus fin, celui de l'ethnie. Les immigrés d'Algérie se révèlent être les moins pratiquants des musulmans. Leurs enfants nés en France montrent une indifférence religieuse égale à celle des autres Français du même âge — non-croyants et non-pratiquants y sont aussi nombreux — et la fréquentation des lieux de culte est rarissime. Dans ce cadre, leur attachement au respect du ramadan et des interdits alimentaires reflète plus une volonté de garder une certaine fidélité aux origines et à la culture des parents qu'une assiduité religieuse.

A de rares exceptions près, les pratiques sociales ne traduisent pas un repli identitaire. Cependant, les relations privilégiées à l'intérieur du groupe gardent encore une certaine importance chez les immigrés. Leur localisation joue un rôle important dans ce maintien : les HLM enferment à la fois parce que la ségrégation qui les caractérise favorise les rapports comunautaires et l'émergence d'une pression sociale « ethnique », et parce qu'elles isolent leurs habitants des lieux de vie sociale et culturelle les plus intenses. Les enfants élevés dans ce cadre, s'ils ne manifestent plus guère de préférence pour les relations à l'intérieur du groupe d'origine, évoluent dans des cercles très mélangés où les Français d'origine n'occupent pas une place dominante : on assiste là à une acculturation originale qui ne se résout pas à l'absorption pure et simple.

En dépit de difficultés quelquefois importantes pour s'insérer sur le marché du travail, les enfants des familles immigrées élevées en France connaissent une certaine mobilité sociale. Elle est même relativement importante chez les jeunes actifs d'origine algérienne ou espagnole : non seulement les fils et les filles d'ouvriers ont fait mieux que leur père, mais ils sont plus souvent sortis de la classe ouvrière que la moyenne des enfants d'ouvriers en France. Une certaine spécialisation professionnelle subsiste chez les enfants de migrants portugais : la mobilité sociale des fils est équivalente à la moyenne nationale et celle des filles reste relativement faible.

Si la génération des parents a acquis dans des proportions extrêmement variables la nationalité française, celle des enfants nés en France est massivement française en vertu des dispositions jusque-là en vigueur du code de la nationalité française. Les enfants d'Algériens le sont depuis leur naissance, les autres depuis leur majorité. La loi a offert aux premiers une échappatoire au choix « impossible » entre la fidélité aux parents et la trahison et a évité aux seconds toute interrogation sur l'évidence d'un lien national avec la France. Visiblement, ces jeunes sont de France : ils font généralement figure d'étrangers dans le pays de leurs parents et sont peu tentés par une « émigration », les jeunes d'origine algérienne plus que tous les autres. S'ils sont, certes, moins souvent engagés dans la vie politique française que les Français de plus longue date, les jeunes d'origine algérienne sont très majoritairement inscrits sur les listes.

Les surprises

La place de l'immigration berbère dans les flux algérien et marocain est une surprise de taille. On s'accorde généralement à la dire déterminante. En fait, les Berbères du Maroc sont moins représentés en France que dans leur pays d'origine (un peu plus de 20 % contre la moitié, dit-on, au Maroc) et ceux d'Algérie le sont à peu près autant (un peu moins de 30 %). Par ailleurs, le mythe qui tend à parer les Kabyles de dispositions plus grandes à l'assimilation s'effondre : les pratiques matrimoniales traditionnelles touchent également Arabes et Kabyles. Ces derniers, hommes et femmes, sont rebelles à l'acquisition de la nationalité française et ils ne se sont pas unis plus souvent que les Arabes à des conjoints français de souche. Une seule partie du mythe reste intacte, celle d'un désintérêt plus grand pour la religion. On aurait cependant tort d'y voir un signe d'ouverture supérieur à la société française, même si cette dernière fait une fixation sur le facteur religieux. Si l'on prend l'ensemble des immigrés du Maroc et d'Algérie, on distingue en fait, du point de vue religieux, d'une part, les Arabes des deux pays avec des pratiques moyennes et relativement égalitaires (c'est-à-dire sans grande différence entre hommes et femmes) et, d'autre part, les Berbères d'Algérie et du Maroc dont les pratiques sont inégalitaires (nettement plus élevées chez les femmes) mais faibles chez les premiers et au contraire très forte chez les seconds.

La faiblesse du groupe kurde dans l'immigration turque ne laisse pas d'étonner non plus, tant nous avions tendance à en surestimer l'importance en raison de leur forte visibilité.

Il nous faut aussi abandonner l'idée d'une génération de jeunes femmes d'origine algérienne à l'avant-garde de la marche vers la modernité. La liste des points d'avance supposés des filles sur les garçons est longue. On doit ainsi revoir à la baisse les performances scolaires de ces filles qui, si elles sont légèrement supérieures à celles des garçons, ne sont pas ce qu'on croyait. Notamment, l'avantage relatif des filles d'ouvriers immigrés d'Algérie est très faible comparé à celui des filles d'ouvriers en France sur leurs frères. Elles sont plus soumises à la pression familiale dans leur vie amoureuse que les garçons qui sortent ou vivent plus souvent avec de jeunes Françaises de souche. La plus grande vigilance dont elles font l'objet explique ce retard, mais ne change rien aux faits. Contrairement à ce qui s'est dit, elles ne pratiquent pas moins l'islam que les garçons, et même un peu plus (deux fois plus de pratique régulière que chez les garçons) et sont inscrites sur les listes électorales comme les garçons, ni plus ni moins. Le seul avantage féminin, mais tout relatif, est relevé dans le domaine de l'insertion professionnelle, où elles semblent faire légèrement mieux que les garçons.

Obnubilés par les filles d'origine algérienne, nous n'avons jamais remarqué les performances scolaires étonnantes des filles d'origine espagnole, qui réussissent aussi bien que la moyenne des filles en France et se démarquent ainsi très fortement des garçons que les pères ouvriers ont très systématiquement orientés sur les filières techniques courtes.

Il semble que l'on doive également faire quelques retouches à l'opposition classique entre jeunes d'origine algérienne et jeunes d'origine portugaise, les premiers étant décrits (nous n'avons pas nous-même échappé à cet effet d'optique) comme suivant des études longues alors que les seconds seraient orientés sur les filières courtes leur assurant une insertion professionnelle plutôt réussie. La longueur des études des jeunes d'origine algérienne s'explique en partie seulement par ces différences ; elles sont également le signe de difficultés scolaires importantes. Les jeunes gens ont en fait la même structure de diplômes (près de la moitié de CAP-BEP) et comptent autant de non-diplômés. Cependant, les jeunes d'origine algérienne sont plus souvent non diplômés du secondaire que ceux d'origine portugaise qui n'ont pas réussi à décrocher leur CAP ou BEP.

La puissance associative portugaise ne semble pas si importante qu'on le dit, ou que sa visibilité veut bien le laisser croire. En définitive, peu de Portugais sont affiliés à une association. Comme pour la plupart des Français et des autres immigrés, l'associatif est surtout tourné vers le domaine des loisirs. Les réseaux « portugais » ne passent pas forcément par ce canal, la solidarité familiale jouant un rôle important. Ces réseaux fonctionnent encore pour les jeunes d'origine portugaise qui, compte tenu de leurs études professionnelles relativement courtes, peuvent en profiter pour trouver un emploi. Ils ne s'accompagnent pas d'un repli identitaire, certains points communs avec la migration turque ne doivent pas faire illusion. L'acculturation des immigrés du Portugal et de leurs enfants est forte et il paraît tout à fait excessif de parler d'une « communauté » portugaise en France au sens fort du terme. Enfin, l'absence de structuration associative des Maghrébins est totale et les réseaux d'emploi bien moins puissants.

La polygamie a fait l'objet de telles préoccupations que l'on a mis ainsi l'accent sur une composante extrêmement minoritaire de l'immigration d'Afrique noire. La polygamie se trouve en fait cantonnée à une ethnie, les Mandés, qui ne représente qu'un peu moins d'un quart de la population venue en France. Il s'agit de ruraux analphabètes, musulmans très pratiquants, venus travailler en France, dont une grande partie vit d'ailleurs dans un foyer, sans conjoint, qui ne maîtrisent généralement pas le français et ont reproduit en France leur mode de vie traditionnel. L'autre composante, majoritaire, de la migration noire africaine comprend plutôt des lettrés d'une origine sociale relativement élevée, parlant très bien le français, et qui ne semblent pas devoir poser un problème d'assimilation particulier.

L'exception turque : le repli identitaire

Aucun groupe d'immigrés ne comporte les signes d'un repli identitaire aussi nets et répétés que celui de Turquie. Une lecture transversale de cet ouvrage se limitant à ce groupe a vite fait de convaincre le lecteur de la réelle spécificité de l'immigration turque. Sans en refaire ici l'inventaire, insistons sur quelques points décisifs. Le français n'est qu'exceptionnellement la langue de communication à l'intérieur des familles. Même les migrants venus dans leur enfance, lorsqu'ils parlent à leurs propres enfants, n'introduisent le français qu'en alternance avec leur langue maternelle. L'acculturation est donc très faible. Cette auto-mise en marge de la société française ne s'accompagne pas de relations sociales amoindries. Ils connaissent une vie sociale intense mais très communautaire. Le lieu de prédilection de cette sociabilité est la cité HLM qui réunit une densité de population de même origine très forte. D'ailleurs, l'intensité des contacts sociaux connaît un fort amoindrissement en habitat dispersé, moins propice à la ségrégation. Leur pratique religieuse élevée est elle-même un élément de cette sociabilité. Enfin, ils refusent de marier leurs filles, mais aussi leurs fils, avec des Français(es). Les mariages mixtes sont inexistants dans la jeune génération élevée en France. L'essentiel des mariages se fait avec des jeunes résidant en Turquie. La fermeture de la France aux migrations de travailleurs a facilité l'instauration d'un véritable *marché* matrimonial avec la Turquie, sur lequel les parents peuvent faire monter le prix de la dot en échange de leur fille. Les parents, s'ils ont d'ailleurs des ambitions modestes en matière de scolarité, se désintéressent encore plus de celle de leurs filles, qui quittent très tôt l'école. Aucune ascen-

sion sociale ne touche les fils de migrants turcs, qui reproduisent ainsi la condition des pères. Le problème de l'enclavement communautaire turc n'a pas encore produit ses
pleins effets, car ceux qui arrivent en âge de se marier sont
encore pour l'instant surtout des jeunes nés en Turquie,
arrivés en France relativement tard et probablement plus
soumis que ne le seront ceux, et surtout celles, qui sont
nés en France. L'âpreté avec laquelle les familles turques
sont prêtes à défendre leurs prérogatives ne manquera pas
de poser un problème important à la société française.

La question de l'immigration algérienne : un accident de l'histoire

Il n'est pas possible de traiter de l'immigration algérienne
sans intégrer les conséquences d'une colonisation française
de plus d'un siècle et de la tragédie qui a accompagné la
guerre d'indépendance. Il est également illusoire de penser
que ces conséquences sont unilatérales et que le malaise
s'est focalisé du côté algérien, en conférant une espèce de
sentiment de « résistance » aux immigrés. Le malaise est
général et les Français ne sont pas épargnés. La prise en
compte de l'histoire permet seule de comprendre l'hostilité
des migrants d'Algérie à l'acquisition de la nationalité française, alors qu'ils sont largement acculturés. Elle explique
probablement aussi une certaine anomie des immigrés se
traduisant par une vacuité du lien national, le détourne-
ment de la nationalité française ne s'accompagnant d'aucun
repli identitaire collectif, et par une vie sociale limitée (peu
de sorties, notamment en habitat HLM, et peu de réceptions à la maison). L'histoire conflictuelle entre la France
et l'Algérie, dans laquelle cette dernière a gagné son indépendance sans avoir vaincu par les armes, éclaire également
les comportements de l'armée française en matière d'exemption : un garçon d'origine algérienne sur deux est ainsi
rejeté. Enfin, c'est probablement aussi un élément de

compréhension de la situation sociale difficile dans laquelle se trouvent aujourd'hui les enfants d'Algériens, les garçons encore plus que les filles, qui cherchent aujourd'hui à s'insérer sur le marché du travail. A côté de pratiques discriminatoires probables, mais difficiles à évaluer, on doit invoquer l'aspiration de ces jeunes à « changer d'image ». Ils n'ont pas eu une scolarité très brillante, mais la persévérance des parents, que laisse transparaître la longueur de la scolarité, dénote un désir de promotion réel. Il est probable que les garçons sont, plus que les filles, sensibles à l'image dévalorisée du père et cherchent à échapper à la reproduction. Il se produirait ainsi un décalage d'image entre celle à laquelle ces jeunes aspirent, les plaçant un peu au-dessus de ce à quoi ils peuvent prétendre compte tenu de leur formation, et celle insuffisamment à jour et dévalorisante de la société française.

La nouvelle donne migratoire

Les temps ne sont pas propices, et probablement encore pour longtemps, à un assouplissement de la politique migratoire en France, et plus généralement en Europe. L'avenir se dessine donc à travers les flux actuels. Réduits en quantité, ils ont surtout changé de nature. Amenant autrefois une population rurale fortement analphabète, ils se composent aujourd'hui de migrants d'un niveau scolaire et social plus élevé et originaires principalement des villes : citons pour mémoire les hommes marocains venus en France après 1975 et dont la moitié ont poursuivi leurs études au-delà de 20 ans, alors qu'un tiers de leurs devanciers n'avaient pas fréquenté l'école du tout. Bien que ces nouveaux immigrés pèsent encore peu dans la population résidant en France, il nous faut enregistrer ce changement et cesser d'imaginer la France comme une passoire laissant entrer la misère du monde. Échappent pour l'instant à ce modèle les courants portugais et turc, dont les migrants sont restés fortement ruraux et peu scolarisés.

Le durcissement de la politique migratoire a suscité un certain nombre d'ajustements qui ne vont pas tous dans le bon sens. La suspension du recrutement de travailleurs a rendu très attractif le mariage avec une jeune femme résidant en France, surtout lorsqu'elle a la nationalité française. Les filles élevées en France sont ainsi trop souvent captives d'un « marché matrimonial ethnique » où la famille trouve elle-même un intérêt, souvent financier, sinon moral, à marier leur fille avec un postulant à l'émigration.

Table

Composition Facompo à Lisieux
Achevé d'imprimer sur les presses de la B.C.I.
à Saint-Amand
Dépôt légal : avril 1995
Premier tirage
Numéro d'impression : 1/882
ISBN 2-7071-2449-4